创业智慧
五项修炼
创业家是怎样炼成的

伍 原◎著

ZHEJIANG UNIVERSITY PRESS
浙江大学出版社

目
录

创业家朱光葵：企业家是一个转化器

大约 20 年前，当我作为一名新华社记者行走在珠三角、长三角，特别是来到中国私营经济的大本营温州时，曾发出过"国有企业是史前恐龙，乡镇企业是经济怪胎，民营企业先天不足，后天可畏"的浩叹。

转眼 20 年过去，中国的变化可谓天翻地覆，换了人间。一群昔日的草根趁势风起云涌，从一无所有到身家过亿、数十亿，甚至上百亿，支撑起了国民经济的大半江山，创造了70％的就业机会。正是这些大泽龙蛇，冲出了世俗的泥淖，激发了古老中国的活力，推动了所谓的"大国的崛起"。

但颇为戏剧性的是，伴随着整个中国经济的全线飘红、行情暴涨，国有企业也借此东风"枯木逢春"，凭借体制的先天优势高歌猛进，而越来越多的草根企业却在夹缝中步履维艰，一种前所未有的失落情绪蔓生开来。很多草根企业家开始为自己的命运担心，有人移民海外，一走了之，有人刀枪入库，马放南山，或安于现状，或耽于享乐，或改弦更张，将事业执于子孙之手。

放眼当下，草根阶层何去何从？这个命题从未像今天这样紧迫，也从未像今天这样令人焦虑。

这些年来，我始终关注着中国草根企业家，尤其是那些"小微企业"的成长，并乐于帮

序 一

草根崛起，中国力量

助他们不断完善自我,升级换代。我所看到更多的是,无论形势如何变化,仍然有一大批百折不挠、龙精虎猛的民营企业家,保持着出发时的斗志与豪情,对明天仍旧充满憧憬,不气馁,不放弃。

我喜欢这些草根,从某种意义上,我们也是其中的一员。我一向鄙夷那些昨天还是草根,一旦登堂入室就从此自诩为精英的人。我始终认为,草根是中国的动力之所在。中国的希望在于草根,中国的命运系之于草根,只有他们,才真正是力量的源泉。历史表明,从改革伊始的农民包干到乡镇企业的崛起,再到各路商帮的大行其道,只要这个国家给她的人民一个改变命运的机会,给一点松动的空间,这个国家的运势就会兴旺,就会有希望,这才是中国模式的秘密所在。

尽管草根身上还有着这样那样的不足,但我们有责任和义务去帮助他们。帮助他们,就是在帮助中国;帮助他们,就是在构筑未来。故,我愿意再次为中国的草根力量鼓与呼,并断言:中国的未来能否可持续发展,中国的崛起能否真正完成,归根结底,还是能不能让民营经济蓬勃发展,能不能让创业家在改变自己命运的同时推动国家进步,能不能让草根的力量成为中国经济和社会的主流。

是为序。

中国著名战略咨询专家

民间智库王志纲工作室创建人

王志纲

2012 年 3 月

老板要真实、自然地生活。这是许多中小企业家所缺乏的。许多老板一开始创业是被逼无奈，然后杀出一条血路，成为出路。等终于脱贫了，也就丧失了心劲，失去了方向。所以，当企业发展到这样的阶段，老板会感到到处都是问题，力不从心，又总是回不到本源本心上去。

小老板经营事，大老板经营人。你没有经营人，说明你的事业还没有开始。无数企业家都是走进"影响智慧"课堂才升级到经营人。

公司的第一产品就是老板本人。在"运营智慧"课上我们常说："我们很多的老板都是拼了命往上长，结果一股风来了就完了，所以必须学会往下长，往下扎根，再往上长就天经地义。"这是自然界给我们的真实的智慧启示。

所以，我们需要通过商业智慧的传播，来改造中国企业的商业文明基因，孵化我们的中小民营企业家，提升他们的精神境界，为他们企业的持续发展注入生生不息的精神动力。

在"宗教智慧"课堂上，我们发现，老板一旦不只为赚钱而做企业，反而能成大业。当人们原本就存在的动力显现，找回那种可以"无中生有"的能够创造一切的状态，而且能够让自己持续在对事业魂牵梦绕的状态中，就会产生巨大的能量。

翻开这本书，五位创业家与我们面对面，分享创业的智慧心得。

一个老板，如果不能发现自己心里面最痴迷的东西，不能与他的灵魂无阻碍的连接，他就

序（二）

孵化智慧型创业家

会失去天然的力量；一位老板如果没有本事让他人为企业的发展操心，与他的员工们建立强大的连接，他难成大业；一个老板如果不能自我疗伤，重新点燃进取之心，引爆原有的动力，那么他很可能就消失于江湖；一个老板如果不能把握社会发展的大势，掌握好社会进步的节拍，成为一个强大的连接国家社会与企业的转换器，那么他就不会迎来企业发展新的高峰。

很显然，所有这一切的命脉在于创业家的修炼。创业家的境界提升了，企业自然升级。

每个现实中有成就的人都值得我们去学习，消化、吸收他们的精髓，这本书里出场的五位企业家用智慧孵化了他们辉煌的人生事业。

归根结底，孵化智慧型企业家是让有结果的成功企业家与中小企业家进行分享，"先富"帮"后富"，"先福"帮"后福"，这也是这本书的意义之所在。改变企业的商业文明基因，用自己的产品让人们生活得更幸福，这就是他们在"宗教智慧"课程上找到的企业的魂。

我们成立中国创业家联盟，就是想通过这样的方式方法，孵化更多具有商业智慧的创业家，并为他们搭建资源整合、机会共享的平台。

过去，我们在很多场合说过，我的初衷就是要改变人们对民营企业家的看法，并予以尊重。其中就包括改变民营企业家对员工的看法，对金钱的看法，对人生的看法，这就是商业文化，我们一直做着"孵化"商业文化的事情，帮企业"孵化"他们的商业文化，让他们学会自我生长、自我生发。

任何学习都不要直接学别人的结论，而是要吸收他们的精华，从自己心里生长出智慧，然后再用出来。谁的心境变化了，很美、很滋润、很向上，谁就学成了。

中国著名创业导师
中国创业家联盟主席
刘一秒
2012 年 4 月

从一位硬汉创业家谈起

讲一个真实的故事。2009 年深秋的一个夜晚，北方已有些肃杀之气，我们约好了访谈一位从事酒店行业的企业家。之前第一次见面时他就直言不讳地告诉我们，自己还算不上真正的企业家，更喜欢创业家这个称呼。可访谈并不顺利，一来因为他很忙，每天晚上都要工作到夜里两三点钟，有时候更晚，而且常年如此，没法儿静下心来讲那些往事。二来我们彼此间尚未建立足够的感情，始终找不到合适的时机撬开他的内心世界。无疑这是一个还在路上的创业家。十几个春秋里，他在酒店业中一路奋力打拼，凭着一腔热血和过人的胆识，带团队从一个西部山区巴掌大的小餐厅做起，出秦岭，战西安，又进军上海，梦想着一个属于自己的酒店品牌崛起在中国的商业舞台上。如同很多创业家一样，他白手起家，没有任何资源和背景，只是抓住了一两次的机会。他遭遇过严重的资金危机，也曾迷失事业的方向，最困难时有过放弃的念头，但还是咬牙挺了过来。

每天早上醒来，他都会对着镜子挺起胸膛，然后挥舞着拳头大声喊道："多么美好的一天！我是最棒的！"

前言

探寻中国创业家的心灵与智慧

那天晚上他终于出现了，看得出来，他的状态有些反常，略有醉意。他有些疲惫地倒在沙发上，开始情不自禁地发牢骚，原来当天有关行政部门找了企业的麻烦，他心中的闷气难以疏散，觉得自己受到了不该有的待遇。但我们知道，真正折磨他的是自尊心的撕扯。他突然停顿了一会儿，接着发自肺腑地叹了口气说："中国做企业的，只有两种人，一种是妖人，一种是铁人。我们就是铁人。"说完他沉默了。

那一刻，我们强烈地意识到，这位创业家不经意的一句话道出了一个显而易见的真相，那就是：在创业家这个时尚的字眼背后，在各种光环逐渐升起的同时，他们中的大多数，那些创造并支撑起一个国家的经济力量的人们，却是一个长期被忽略和漠视的群体，没有多少人真正关心他们的内心世界。在很多人看来，他们只是一群比较有商业头脑、先富起来的人。更何况，媒体的聚光灯天然只喜欢追逐那些传奇式的商业人物，如果你尚未达到足以炫目的成功，那么对不起，请一边歇着去。

毋庸讳言，所谓草根创业家，直到今天，依然是一个五味杂陈的身份标签。由于中国特色的生存环境，他们中的大多数人始终难以跻身社会主流，内心常常极度缺乏安全感，或者说财富并没有使他们摆脱恐惧。人们并不知道，他们同样有着异彩纷呈的故事，惊心动魄的个人经历，情感丰富的内心世界；更无法想象，他们中的每个人都是一本活着的立体书，每一页都储存着生命的温度。

那个晚上以后，我们的访谈顺畅多了。在每一个夜深人静之际，在一根根香烟的缭绕中，这位创业家终于敞开心扉。

此时我们不觉发现，创业其实是一种独特的生活方式，一种难以复制的人生体验。任何一个创业家，只要真真实实地打拼过，作为一场惊天变局中应运而生的新生儿，对时代、市场、企业、个人乃至生命都有自己独到的观点。曾几何时，他们中的许多人一无所有，发愿凭一己之力改变命运。他们有着最顽强的生命力，最充沛的生命激情，最大胆的开拓精神。他们往往依靠直觉和本能做事，有过瞬间的精彩，也都有过难言的苦涩。实际上，他们渴望心与心的交流。

在财富快速增长的同时(财富数量一般都是他们当初从未敢想象的)，他们的内心却也是孤独的。作为老板，他们找不到倾诉的机会，无数次把情感埋在心里，总怀有一种挥之不去的焦虑。从决定创业的第一天起，他们就已踏上了一条充满不确定性的人生路。在一个高喊一切以结果为导向的年代里，等待创业家们的只有两条路：要么成功，登上自我实现的巅峰；要么黯然谢幕，甚至是灰飞烟灭。于是我们看到这样一种景象：有人伤口还没来得及愈合就又重新披挂上阵，有人已经心力交瘁但仍勉力支撑，有人已经遍体鳞伤却找不到疗愈的方法。

命运的钟摆随时可能出一道吓人的难题，但更使他们纠结的，其实是精神与物质的严重不协调。真正的问题在于，由于中国创业家所置身的生存环境，以及当初那种强烈的出人头地、争取个人幸福的原始动机与愿景，他们首先必须用行动在现实的冰原上开凿出一条属于自己的道路，他们必须用事实证明自己的成功，并且不遗余力地向前奔跑，没有太多的时间顾及内心。

要成为商业丛林中的强者！他们中很多人都确信，只有活下来才有明天，竞争不会眷顾弱者。无论他们昨天晚上刚刚经历了什么，也无论他们突然陷入怎样的一场麻烦或是危机之中，第二天早上他们都会以微笑示人。正如前面提到的那位创业家一样，他时常告诫自己不能让情绪影响环境中的任何一个人。

创业家的生活常常是充满矛盾的，尽管他们外表坚强、个性鲜明,其实内心也有异常柔软的一面,有时候简单得像个孩子。他们需要的,不仅仅是一时的成功、众目所归的荣耀。成功固然可以给他们带来一段时间的满足,但他们的内心,其实更需要一个光亮而温暖的出口。

作为人本身的创业家

2011年春天,因为一次偶然的机遇,我们结缘了一家目前在中国中小企业主培训市场上极具号召力的商业机构。这家机构的名字叫思八达,十几年来与中国的数万草根创业家一路同行。在很长的一段时间里,这家机构默默积蓄着自有的能量,鲜为公众所知,到今天也只是浮现冰山一角。通过思八达的引荐,我们有了进一步深度接触草根创业家群体的机会。在准备本书的过程中,我们采访了数百名思八达学员。这家机构的学员中,有企业主、高管团队,甚至还有企业主的家人,他们丝毫不掩饰课堂上收获的喜悦。一定意义上,思八达已经成了他们的精神家园。

当我们作为旁观者望着台下这些听众的时候,脑海里一直在盘旋着这样一连串的问题:这些身经百战的草根创业家们为什么会像是着了魔似的沉浸其间,他们到这里来到底是寻求什么? 他们的收获究竟是什么? 为什么在这个课堂上,他们都会像回到孩提时那样拥有几分天真?

答案似乎只有一个:中国的创业家们不仅需要企业运营能力方面的提升,更重要的是,他们还需要情感的宣泄,需要心灵的关照,渴望拥有一片属于自己的天空。他们希望身边的每个人都互相理解、达成共识。

如果我们扩大视野,就会发现那些困扰着创业家们的心灵问题,在这个时代不仅是他们所独有的,还是每一个活着的人都迟早要面对和解决的。一些最根本的问题无人可以回避,差别只在于,有人需要智慧的启迪,而有人则可以通过自身的学习和体验去寻找。

那么,作为人本身的创业家,有什么精神养分是常规的经验教学所无法弥补和提供的呢?

一、创业家的心灵急需得到修复

草根创业家在创业过程中一般经历了两个不同阶段的心路历程。第一个阶段:渴求财富,不惜一切地攫取财富,为了财富的原始积累,他们可以付出一切体力、心血和尊严。但结果是,精神世界也被现实的车轮一道道碾压而过,并非情愿地打下了各种不得不接受的时代烙印。久而久之,当他们有一天反躬自问时,内心深处常常会有一种极其强烈的欠缺感。

于是他们开始进入第二个阶段,他们迫切想活出个人样。一种人想方设法在精神上武装自己,企图构建一个强大的自我,视任何磨难和挫折为历练,而且已习惯了孤独。还有一种人,则开始间或思考作为人本身的终极意义。他们迫切地想知道:我是谁? 我从哪里来? 现在在哪里? 明天将向哪里去? 但在试图解决这些根本命题之前,首先需要关注他们长期被忽视的心灵。

实际上,他们中不少人的心理长期处于亚健康状态,商场上的压力日夜驱赶着他们的脚步,使他们片刻无法停歇。

二、创业家的心灵需要理解

在主流阶层的眼中,创业家,尤其是从20世纪80年代到90年代初一路打拼到现在的草根创业家们,往往带着野蛮生长的气息,他们为了达到商业目的不择手段,而且通常文化程度不高,有的只是凭借一身的胆量和狠劲,除非他们能够取得令人惊叹的商业成就,否则难登大雅之堂。虽然事实上,正是这无以计数的小草支撑起了中国经济的半壁江山,每年贡献一半多的国家税收,提供了大约75％的城镇就业岗位,但他们却始终处于话语权的弱势,我们的社会对他们尚缺乏足够的包容。

尤其讽刺的是,在日常生活中,人们更愿意关注他们的财富数量,而不是他们的精神世界。甚至有一种观点片面地认为,这些人的精神层面乏善可陈,穷得只剩钱了。长期的社会误读以及现实环境中的不公,使得草根创业家无法拥有完整的自主感。有些人事业做得越大,内心越恐惧。

于是他们只能在大雾中奔跑。

三、创业家渴望找到真正的快乐之源

按照马斯洛的需求层次理论,当一个人解决了生存和安全的基本需求,实现财务自由之后,必然会主动去追求精神世界的充实——爱与尊严。这个时候的创业家对财富的敏感度相对稳定,至少财富不再具有唯一性。由于商业竞争本身的残酷性,创业家们开始越来越期许精神的慰藉。

他们对于内心快乐的需求程度,一点不亚于一个行走在烈日沙漠中的人对于一眼泉水的渴盼。直觉告诉他们,只有找到那眼泉水,自己所付出的一切才是真正值得的。也只有在快乐中前行,才可以走得稳健。

他们中有人会问自己:我究竟快乐吗？快乐与财富的累积是矛盾的吗？假如不再那么快乐,创业的意义何在？

四、创业家渴望建立和谐的人际关系

每个创业家都生活在错综复杂的关系网中,这些关系主要包括

个人与外部市场的关系,与事业联盟伙伴的关系,与员工和团队的关系,包括亲情、友情等。如何找到一种方式让自己具有超凡的人格魅力,既能够让自己光明磊落地行走于天地之间,同时又能够将自身的正面能量凝聚成推动事业发展的原动力,是创业家时刻思考并在实践中不断探索的核心命题之一。这些关系的任何一个环节处理不好,都有可能对事业带来毁灭性的打击,仅有的成就将一夜间荡然无存。

随着创业的深入,创业家在成就自己的同时,也越来越想成就更多的人。他们越来越明确,帮助他人就是帮助自己,一个人的事业能做多大,最终还是取决于他能影响到多少人,能帮助到多少人。

五、创业家渴望获取可持续发展的经营之道

回首 30 多年改革开放,几代创业家生死浮沉,真正能剩下来的成功者寥寥无几。宏观环境的乍冷乍热,市场周期的风云莫测,以及个人素质的参差不齐,延续事业的进程并非那么容易。往事并不如烟,活生生的例子就在身边。我们看到,有人一夜暴富,却又如流星般转瞬即逝;有人在不断变化中抓住了某个机会,却又在下一个机会里消失得无影无踪;当然,也有极少数的幸运儿,能够始终在市场的洪流中把握住命运的风帆。

那么,究竟有没有一种适合中国国情的事业长青之道?为什么中国民营企业存活率如此之低,平均寿命只有可怜的 3～5 年? 如何才能跳出命运的捉弄? 那些成功者究竟是遵循了什么规律和法则才走到了今天? 更重要的是,虽然个人无法改变大环境,但能否从改变自身做起?

综合以上五个方面,可以看出中国的创业家群体大体上关心并渴求两方面的智慧。一个方面偏重运营智慧,尤其是企业的永续经营,他们中很多人仍然梦想着做强做大,市场是一本永远也读不完的书;另一个方面同样突出,即心灵的智慧。在创业进程中,这两大核心智慧相辅相成,也就是所谓的"内圣外王"。大量的企业失败案例表明,那些倒下的企业家,真正的敌人就是自己。

实际上,当中国的创业家群体开始叩问心灵、追问现实的时候,一场寻找智慧的旅程就已经开始了。正是在这样的背景下,本书奠定了最基本的动机。应该说,他们是幸运的,寻找即觉悟的开始。一方面,这个古老的国家从来就不缺乏智慧;另一方面,智慧不仅来自传统,同样也来自不断的商业实践。

讲述中国创业家自己的故事

假如有一门智慧可称之为创业智慧,那么这门智慧的最佳载体无疑是那些经历丰富的创业家们。

必须实事求是地说,在智慧面前,我们始终保持着一颗敬畏之心。正是抱着这样的初衷,当我们走进中国创业家这个极具研究价值的群体,倾听他们内心的声音时,我们并不想越俎代庖,而只想原生态地展现他们所沉淀出来的商业智慧。为此,我们选取了五位不同行业、不同地域文化背景的创业家,由他们自己讲述与创业有关的人生感悟,并采用了第一人称自述的方式。我们知道,在他们丰富的人生经历即将展开之际,倾听是最好的姿态。

坦率地说,我们不想渲染这五位创业家们今天做得有多成功,在各自行业里的影响力有多大,以及他们的未来还可能有怎样的精彩,我们也不想津津乐道那些体现商业成就的数字,因为我们知道,他们不仅是一个个有血有肉的个体,更是无数草根创业家的缩影。他们所经历的,是大多数创业者或者明天准备创业的人所必然要经历的。他们曾经的苦与乐、希望与失落、痛苦与纠结,都是一个时代的缩影。他们在讲述自己的同时,身后站立着的是一个广大的群体。

更何况,对于一个创业家来说,任何结果都不过是过程中的一个刻度,他们更盼望美好的未来。创业从来都是一场没有尽头的人生修炼,昨天是,今天是,明天还将是。我们知道,按照一般的阅读习惯,令人惊叹的商业数字往往可以迅速勾起读者的兴趣,也是成功者最好的说明书。不过这一次,我们将聚焦创业家阶层的精神世界和创业过程中那些难以言说的心理活动。数字永远无法折射一个人的内心世界。

事实上,没有什么比进入一个人的内心世界更难的事情了,更别说是那些每天都在最残酷的商业竞争中殚精竭虑、奋力拼杀的创业家们了。随着与他们接触的深入,我们渐渐发现一种现象:这些已有一定事业基础的创业家们,在谈到自己的故事时,已不再喜欢谈论那些成功的往事,他们更注重精神世界的升华,以及如何把自己的感悟传递给更多需要的人。出于善意,他们希望为有需要的人提供尽可能的帮助。诸多切身实践后的感悟在他们口中,已不再是空洞的说教。

分享是我们为这次探寻智慧之旅预先设定的主题。略微有些遗憾的是,因为时间关系,我们很难对每个创业家的风雨历程作更细致入微的挖掘,但他们都尽可能挤出了宝贵的个人时间,做到了真诚与开放。

其中,北京好利来集团总裁罗红先生倾情讲述了自己 20 年的创业感悟,兴之所至还为我们展示了自己珍藏的非洲摄影作品。作为在国外知名度更高的气候英雄和环境大使,他在谈到企业运营时,更多强调关乎人性的灵魂之美、生命之美,以及自己怎样一次次从宇宙和大自然中汲取积极的能量。

松花江畔的宋治平女士作为中国商界女性的杰出人物之一,讲述了一个普通女性是如何一步步建立起一个主导亚洲化工细分市场王国的。出于女性特有的关怀,她更愿意分享自己的失败。她一再告诉我们,希望把失败讲给更多的人听,给他人以切实的帮助。同时,她更关心家庭的和谐。

闫建国,一位在宁夏平原郊区长大的年轻创业家,讲述了他付诸所有梦想与激情的创业之路。他重点梳理了早年自我成长的精神路径,让我们从中看到了可贵的自省意识,以及一个创业家所应有的精神。在我们的印象中,他更像是一个奔跑的阿甘,目标执著,思路清晰。

同样成长于宁夏的创业家妥云先生,则为我们讲述了自己这些年是如何随着中国市场经济的大潮南下北上,尤其是当个人财富足已享受生活、心头的激情之火已然熄灭时,又是怎样再次点燃了创业的雄心。多年前他做了心脏搭桥手术,但如果不说我们一点也看不出来。

来自湘江畔的朱光葵先生从事医药行业,长沙有一条以他的企业名称命名的"时代阳光大道"。他谦逊儒雅,一方面注重企业运营的效率和结果,另一方面更注重个人修养的提升。他跟我们分享了自己对创业家之"魂"的理解,以及为什么要在自己的企业中提出"去自己化"的理念。

在此要特意向他们致谢。虽然这五位创业家成功的机遇各有不同,但他们在讲述中都没有讳言自己有过的失败、挫折,以及曾经的幼稚。他们从不同角度不经意地勾勒了一个由五个章节组成的中国故事，一首中国创业家心灵世界的协奏曲。他们真实地面对我们，也就真实地面向了读者。

回到东方智慧的原点

21世纪的中国正迎来一场较前30多年更为瞬息万变的变革。在完成了早期的商业意识洗礼之后，未来的创业家所面对的，不仅仅是捕捉机会能力的竞争、冒险精神的竞争、适应环境能力的竞争、战略选择的竞争、企业运营的竞争，更是一场个人修养、价值观与内在心灵的竞争。

本书的真正目的在于帮助创业者了解自我，使你的心灵与创业之间建立起最真诚的联系。

结合我们对数百名创业家的调研，以及对他们中五位成功创业家心灵历程的梳理，本书提炼出创业智慧的五项修炼，它们分别是：连接的智慧、影响的智慧、内求的智慧、点燃的智慧和无我的智慧。这五项修炼本身是一个有机的整体，目的在于通过创业家的自我修炼引发潜能。

创业智慧五项修炼意在促进创业家观念的改变。不仅如此，掌握了最核心的五项创业智慧，将会改变创业家的心智模式，突破成长的瓶颈。同时，这五项修炼也是一种个体实践的方法，没有行动的智慧只是简单的道理。必须说明，这些智慧在东方古老的思想宝库中早有体现，至今仍熠熠生辉。

掌握智慧的目的在于运用，解决我们在创业过程中遇到的诸多困惑。这些困惑主要包括：

困惑之一：如何对事业产生宗教般的神圣感，如何使自己能够全身心地投入创业，永葆创业活力？

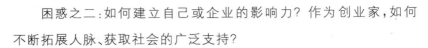

困惑之二：如何建立自己或企业的影响力？作为创业家，如何不断拓展人脉、获取社会的广泛支持？

困惑之三：如何真正使团队和自身融为一体，共同发自真心地经营事业，而不仅仅为了赚钱？

困惑之四：如何尽可能不受环境因素的影响，通过自我的内省与思维训练，从偶然的成功中找到必然？

困惑之五：如何不迷失创业的意义，找到持久的创业之乐，使创业真正升华为生命的本能？

困惑之六：如何摆正自己的位置，处理好个人与组织、社会的关系，做一个有思想、有情怀、有灵魂的创业家？

最后，在进入五位创业家的讲述之前，有必要多说几句。

与西方发达国家相对成熟的商业文明相比，中国的市场化进程迟来了两三百年，也被压抑了太久。20 世纪 80 年代到 90 年代初，无数草根终于掀起改变命运的商业角逐。

很长一段时间，中国创业家已经习惯于从西方管理经验中汲取解决之道。由于商业实践的短暂，他们更多的是靠直觉和经验拓展事业。在这种情况下，每当有一个商业英雄诞生时，这个英雄转眼就成了众人学习和膜拜的偶像。

2010 年冬，年近八旬的日本经营大师稻盛和夫再一次来到中国与企业家们交流，自 1975 年第一次访华后，这些年他一直关注着中国。稻盛和夫倾其一生一手打造了两家世界 500 强企业，65 岁的他剃度出家，皈依佛门，78 岁时又再次出山，在短期内挽救了百病缠身的日本航空，再次创造了传奇。当有中国媒体问及稻盛和夫对中国企业的忠告时，这位老人诚恳地说："上个世纪（20 世纪）七八十年代，日本的松下（日本松下电器产业株式会社）、本田（本田株式会社）都是从小企业做起的，所有企业家、企业员工都要靠拼命找市场找工作才能存活。那个时代有一种拼命努力的时代背景,才取得了战后的快速发展。但战后这种克勤克俭的精神渐渐失去了,有了一点成功后,就把成功看得一成不变。中国企业就大不一样了,中国过去缺少财富,中国企业家在过去 30 年努力创造财富,为此付出了巨大的努力。如果有忠告的话,那就是回到这种精神和劲头的原点,牢牢把握住经营之道的根本,一切从头开始。"

同样有趣的是,稻盛和夫的经营哲学如"敬天爱人"等,也从另一个角度提示我们,中国的传统文化中其实蕴藏着取之不尽、用之不竭的精神财富。改革开放 30 多年后的今天,我们有足够的理由作这样的假想:在未来可见的年代里,原创于中国本土的商业智慧必将有照亮世界的一天。而这一切,都基于中国创业家们能够在商业实践的进一步磨炼中建立自信。只有更多的创业家能够充满自信地讲述商业智慧时,一个强国才会真正崛起。我们真心希望这一天能够早点到来,也坚信它会到来。

我们相信,中国几代创业家所有的磨炼与进取都不会白费。今天,第一代的 50 后创业家所剩无几;第二代的 60 后创业家正值当打之年,有人还在路上,有人初具成功的形态,有人因为各种原因偃旗息鼓;第三代中的一些 70 后创业家在互联网大潮中已经取得了惊人的商业成就;那些初出茅庐的 80 后新锐创业者们,也已迫不及待、自信满满地准备登台了。正是在这种前所未有的波澜起伏与前仆后继中,只要中国的整体经济环境不丧失活力,能够包容越来越多的创新精神,中国的创业家们终将以自己的方式再次书写辉煌。

而且我们还是欣喜地发现,当个体的商业实践与智慧之神完成了一定时期的联姻之后,将产生一种奇妙的化学反应。实际上,每个成功的创业家之所以能走到今天都是空穴来风,可以说,他们每一步的前行,都闪现着智慧之光的痕迹,即使是失败者,也有宝贵的经验。

正如稻盛和夫所说,中国企业可以一切从头开始。这一次,就让我们努力回到东方智慧的原点。

> 什么是智慧?人类有史以来没人说清楚过。
> 为什么我们愿意看书、上课?因为这样比较简
> 单,可以直接听别人的总结。直接消化红尘太浩
> 瀚,太渺茫,太难了,所以我们不愿意自我沉淀。
> 直接去吸收别人沉淀完的东西,那叫知识;自己
> 从红尘中对接到的,就叫智慧。
>
> ——思八达①观点

导读

什么是五项修炼

创业作为一种个人改变世界的活动,一切根本的改变都是从创业者自身开始的,更准确地说,从心开始。心决定了你理解自己和世界的方式,并产生不同的结果。为什么同样是创业,结果却有天壤之别?除了那些外部机遇和基本素质之外,通过研究发现,最终结果取决于创业家的心灵与思维。

我们进一步发现,但凡是成功的创业家,虽然由于个性和成长经历的不同有着各自的气质与禀赋,但在他们的心灵层面还是体现出一些最基本的共同特征,也就是所说的智慧。

为了方便读者更好地理解并运用创业智慧,我们根据书中五位成功创业家的创业经历

---

① 思八达企业发展(上海)有限公司,以下均简称"思八达"。

梳理出五项修炼,并建立了最基本的模型。

创业智慧五项修炼分别是:连接的智慧、影响的智慧、内求的智慧、点燃的智慧和无我的智慧。

● 连接的智慧:一个创业者如何与事业连接为一体,为创业打开无限的想象空间。

● 影响的智慧:如何从本心出发释放自身的能量,建立人脉,获取内外部资源的广泛支持。

● 内求的智慧:在事业的每一个重大转折点上,如何进行自我开发,向自身提取进取的能量。

● 点燃的智慧:当创业的激情减退时,如何重新战胜心理的疲惫感,再一次获取创业的青春。

● 无我的智慧:如何不断开阔创业家个人的胸襟,使自己立于竞争中的不败之地。

创业智慧五项修炼示意图

创业智慧五项修炼彼此推进,共同构成创业家自我修炼的基本内容。每一项用心的修炼都将使你的个人能量逐渐强大起来。作

创业智慧五项修炼示意图

为一个动态的整体,五项修炼没有严格的层次与主次之分,最高境
界为融会贯通、自动生发。随着创业的深入,真正的成功者将集五
项智慧修炼于一身。

五项修炼的内在关系

第一项修炼:连接的智慧。它是创业成功的动力之源。一个人
只有真正将自己的内心与其所追求的事业连接起来,才具备成功的
基本前提。没有连接的智慧,其他几项智慧无法具体运用。

第二项修炼:影响的智慧。如果说连接的智慧是解决自我与创
业的基本关系,那么影响的智慧则主要体现在自我与外部的关系。

第三项修炼:内求的智慧。当创业遇到重大的关口时,内求的智
慧将引导你重新发现自我的力量。必须指出,创业既是一个自我走向
外部经营事业的过程,同时也是一次深入自我、了解自我的体验。

第四项修炼:点燃的智慧。它决定了创业可持续的长度与广
度。点燃首先离不开内求。只有在切实的内求中找到内心的答案,
你才能在真正意义上实现新的连接,而这种新的连接即为点燃。

第五项修炼:无我的智慧。创业家作为商业丛林中的强者,本
性中必然有自我的一面。拥有无我的智慧绝非一日之功,现实中能
达到的人寥寥无几。如果能做到真正的无我,其他四项智慧将在整
体上得到提升。

事实上,任何一个有大成就的创业家都是这五项修炼的集中体
现。对任何一个创业者来说,五项修炼缺一不可。无论你在创业中
遇到了什么困难,都可对照上述五项智慧从自身探寻解决问题的方
法或思路。我们建议读者可以将此五项修炼视为思考的切入点,也
可以作为实践的路径。

从本心出发修炼创业智慧

要想掌握上述五项创业智慧,你必须回归本心,也就是说,要找回本初之心,探寻个人心灵成长的精神源泉。抱有本初之心,你必须回到真实的自己,不受商业世界的屏障。谨记一条:"世间唯有真实是人生的命脉,是一切价值的根基,也是商业成功的秘诀。谁能信守不渝,谁就会获得大成。"

商业天才乔布斯非常注重个人内心的力量,在那篇著名的演讲中,乔布斯对美国斯坦福大学的毕业生这样说:"你必须相信:你现在做的一切都与你的未来相连接。你必须要相信某样东西:你的勇气、你的生命、你的宿命。""如果你尚未找到你的所爱,继续寻找,不要停下来。你的心会知道你是否已经找到你的所爱。正如任何和谐的关系一样,当你找到了你的至爱,随着时间的推移,你们之间会越来越和谐。""不要浪费你们的时间去过别人的生活。不要陷入教条,即:按照别人的想法活出你的人生。不要让别人嘈杂的观点淹没你内心的声音。此外,最重要的是鼓足勇气,跟随你内心的声音,相信你的直觉。你的内心其实非常清楚你想成为什么样的人。除此之外都是次要的。"

"听从内心的声音,相信直觉",这是乔布斯谈到个人创业经验时反复陈说的一条,也是他最根本的哲学观:"记住你即将死去……你已经赤身裸体了,你没有理由不去跟随自己的心一起跳动。"

在此我们也再次强调,上述五项创业智慧修炼应由你的内心生发。事实上,它们早已存在于你的内心,只是很多人疏于运用。智慧不会直接产生美好的结果,一切智慧都无法离开个人的体验、追索和自我提升。

通过这五项智慧的修炼，只要创业家坚持不懈，只要内心依然保持着人之初的清明与透彻，你最终将实现三位一体：你既是智慧的传承者，又是智慧的运用者，更是智慧的生发者。真正成功的创业家无一不是人生的智者，他们以自己的智慧开启众人的智慧，这也是世间最美丽的事情。

智慧存在于当下，指引你的未来，也是你的一笔终身财富。拥有了智慧，一切成功不过是顺带的结果。更重要的是，你将成为你自己，在茫茫宇宙中，你将幸运而意外地遇到未知的自己。从这个意义上说，创业的残酷面纱之下，同样蕴含着永恒的美丽。创业将使你与世界建立最真诚的联系。

第一章

罗红： 天地间的创业之美

罗红在摄影旅途中

创业家素描

　　刚过不惑之年的罗红,现在非常享受重新回归企业后的感觉。坐在壁炉前的他,更像一位艺术家,而非传统意义上的创业家。他不止一次地说,他对美的感受力,对美的追求是来自生命深处的。他这辈子有两个梦想——蛋糕和摄影,而打通这两个梦想的媒介,就是"美"。他感觉自己从未像今天这样自信。

　　直到现在,中国人对来源于西方的思想、生活方式、管理理论都多少有着不由自主的膜拜,罗红也曾遭遇过自己的经营之道在西方经典管理理念面前的不自信,乃至随后而至的放弃。

20 世纪 90 年代,罗红离开家乡,前往大西北,凭借自身的聪慧与干劲,一路高歌猛进,建立了后来的好利来集团。但随着企业规模的扩大,内部慢慢出现了问题,尤其是在引入了所谓的西方标准连锁企业的管理体系之后,重情重义的罗红产生了困惑,失去了自信。有一次,他实在受不了高层管理会议上那些反复的争吵,瞬间起了跳楼自杀的念头。幸运的是,他扑到窗前,发现会议室在二楼。随后他把自己一个人关在屋子里,想了几天,然后独自去了非洲。

十几年来,罗红已经记不清自己去过非洲多少次了,他深深地爱上了那里的大地、云朵、天空、动物、湖泊、山脉和草原。细心的人会发现,北京的地铁里常年展示着他的摄影作品,散发出夺人心魄的宇宙之美。

这多少隐喻了罗红近年来的"王者归来"。在非洲的马赛马拉①大草原上,万物与自然和谐相处,他近乎疯狂地沉浸其间,将自己与自然化为一体。为了拍出一幅满意的作品,他常常冒着生命危险。一次,他乘坐的直升机刚升空就坠落,发现自己没事后,马上从附近的南非调来另一架直升机和一架滑翔机,继续拍摄。还有一次,罗红在毗邻苏丹的肯尼亚图尔卡纳湖拍摄,苏丹的恐怖分子袭击了他住的酒店,幸好他刚离开。

令人意外的是,摄影并未影响罗红的经营,反而使他对商业有了自己的理解。开个蛋糕店,销售额达到近 10 亿元,全中国只有一个罗红。他兴奋地说:"我天生就是做蛋糕的,我能把它做到极致!"2009 年,他又雄心勃勃地推出了中国顶级蛋糕品牌专卖店——黑天鹅,生意极好。而这个商业灵感的诞生,实际是来自于清晨时分他

---

① 马赛马拉:马赛马拉国家公园,位于肯尼亚西南部,是世界上最好的野生动物保护区之一。——编者注

在自己的顺义会所水池边所抓拍的那群黑天鹅。一天晚上,他独自欣赏着一张张自己满意的瞬间,突然他明白,一个机会来了。

在个人爱好与商业运营之间,罗红找到了一条属于自己的连接之路。他既是个痴迷于事业的创业家,同时也是个痴迷于美的摄影者,或许在他看来:二者之间完全可以通过个人的追求完成一次无缝连接。事实上,他做到了。无论他醉心哪一头,他都有最佳的个人状态。

关于幸福,罗红说,幸福就是在过程中找到生命的意义。他是这样做的,也是这样体验的。

自己的人生自己选择

我是个很自我的人，只按照自己的生活方式生活，没什么过人之处。我出生、成长在四川雅安市下面的一个矿上。雅安属于川西，也叫"雨城"，是世界上第一只大熊猫的发现地。我是来自大山的孩子。

我有一个很好的父亲，他教会了我什么叫乐于助人，什么叫人生的热情。他鼓励我走了一条自己喜欢走的路。

父亲是老一代的知识分子，中央团校的第一批学员，后来到大山里工作。在父母工作的那个工厂里，有许多人的子女在国外务工，他们自己又没有文化，不识字，要给子女写信的话，都找我父亲代笔。我家里经常排满了找我父亲写信的人，而我父亲从来没有一句怨言，总是乐呵呵地、极有耐性地为他们写信、念信。有一年春节，我放学回到家，看到桌上堆了一座小山似的糖果，喜欢吃糖的我从来没有见过这么多的糖果，真是高兴坏了——我们家简直成了大富翁了！后来才知道，是那些国外务工的子女回家过年，为了表达对父亲的谢意，把他们从国外带回的糖果都送到我家。那个年代，在物质极度匮乏的中国，这可是一笔不小的财富。父亲的言行，潜移默化地影响了我，让我从小就知道，帮助别人、服务别人，是一件非常快乐的事。

父亲一开始也是望子成龙的，我的三个哥哥都是大学生，只有我高中毕业就离开家去了成都。我从小对念书没多大兴趣，尤其对数字不敏感，而且在学校里很淘气，常搞恶作剧，不听老师的话，比较叛逆。其实我念书也努力过，每天早上起来先锻炼，再看书，但一个月前记住的，一个月后就全忘了。最后父亲终于放弃了，他把我叫到跟前,对我说:"儿子呀,你已经很努力了。你不是读书的料!喜欢干什么就干什么去吧。"从此后,父亲不再因为学习而责骂我,我们彼此不耽误,天生我材必有用嘛!实际上,淘气的孩子往往有灵性,可惜都被抑制住了。我比较幸运的是,个性从小没被磨灭掉。

摄影是我的第一个梦想。初中二年级的时候,班上同学带来一台"海鸥牌"照相机。那是我有生以来第一次看到相机,第一眼就喜欢上了,它能够把瞬间变成永恒,当时我发誓要拥有一台自己的相机。

> 人都是有灵性的。灵性就是能最快速进入核心、最根本的感觉,一个人必须保护好自己的灵性,使其不受外界践踏、摧残。
>
> ——思八达观点

我最早的职业梦想,就是成为一名专业的摄影师。

高中毕业后我对父母提出,要放弃高考,走入社会学习创业技能。母亲竭力反对,认为没有上过大学的孩子是没有出路的。而我的父亲非常了解我,他知道,对于我这种"1/2+1/2=2/4"的家伙来说,上大学并不是最好的选择。同时,他也看到我身上有一些独特的品质和能力,足以让我自食其力、衣食不愁,因此,他支持了我的选择。当时,我决定离开家乡,去大城市——成都闯一闯。在离家的前夜,父亲找我谈话,告诫我要与人为善、助人为乐,不能走一方黑一方,凡事要对得起自己的良心。父亲的谆谆教诲,成为我一生的座右铭。

多年以后,我也有了自己的孩子。我感到,教育真的非常重要,尤其是对男孩来说,父亲的言传身教至关重要。

生命在梦想中显现

17岁那年,我来到了距离雅安120公里的成都,第一个想法就是要学习摄影,然后当一名职业摄影师。于是我进入一家照相馆当一名学徒。因为有这样一个梦想，我白天拼命地工作，晚上拼命地看书自学，每天只睡三四个小时。后来我也经常跟我的员工说，人要有梦想，才会勤奋。两年以后，摄影公司的老板找到我哥哥，对他说："你的弟弟太勤奋了，他的能力已经超出了我们这个小公司的容量，如果他继续待在这里，有点委屈他了。我建议，他可以自己出去创业了。"

于是我就有了平生的第一次创业：我在成都火车站附近开了一个彩色照片冲扩部，叫"石林彩扩部"。在当时，又叫个体户。冲扩部的业务，主要是冲洗照片。当时还没有数码相机，都用胶卷，普通百姓拍完照，都要把底片送到专业的冲洗店把照片冲洗出来。我做这个，也是想为以后做一名职业摄影师打下基础：一方面是打下技术基础，做冲洗可以积累大量的光圈、快门、感光度、构图等摄影的基本经验；另一方面，也可以打下一点经济基础。因为是自己喜欢的事业，所以更加地勤奋。

在我的彩扩部，顾客能够享受到别处没有的服务。我会不厌其烦地告诉他们一些拍照的基本技巧：什么样的天气，要用什么样的光圈；怎么样构图，才不会让照片中的人脚被裁掉……每一张顾客不小心弄脏的底片，我都要细心地清洗干净，才给顾客冲洗出来，最大可能地保证照片的冲洗质量。

我每天只睡三四个小时，导致经常在上班的路上骑着自行车打瞌睡。有一次，竟然连人带车撞到一辆大粪车上，弄得非常狼狈。但是我的勤奋与周到是有回报的。当时在成都火车站一带有十几家彩扩部，而我的这家，是生意最火暴的。不久，我就有了一辆摩托车，也有了一台梦想中的单反相机。

我记得，那是一台理光牌相机。

有一种感觉叫喜欢

我选择蛋糕行业是有些偶然的,原来痴迷的是摄影。1991 年,刚好碰到了母亲退休后的第一个生日,我就想送她一个定制的生日蛋糕,但是跑遍了整个成都,找了很多家店,都没有找到特别漂亮的、能表达我心意的蛋糕。在回家路上,我就想,全成都每天至少有 1 万人过生日,为什么市场上就没有一款制作精巧而且美味的生日蛋糕呢?因为这样的蛋糕不仅仅是商品,还寄托了人们对亲人和朋友的爱心与祝福。假如我转行做漂亮的艺术蛋糕,会怎么样?当时,挥之不去的是无法尽心报答母爱的遗憾,同时我也发现了一个商机:创立自己的蛋糕店。

我做蛋糕与别人不同,一开始就注入了情感,希望给人们带来美的享受。每个人的生日都很重要,但当时这个行业并没有这样的意识去改进蛋糕的风格。在我看来,人是为希望而活的,人们非常喜欢吹灭生日蜡烛,默默许愿的那一刻。我做的蛋糕,自然是和希望、和美连在一起的。

当我对从事这一行业"动心起念"后,就回到雅安开办了一家西饼屋,叫"喜利来"。那里人口不足 10 万,门面便宜,竞争全无,"山中无老虎,猴子称大王"。对于市场,我是信心满满的。现在有些人将我和"苹果教父"乔布斯作比较,其他的无法比,但有一条是共通的,我们都信奉同一个法则:市场不是调查出来的。

可我哪里会做什么蛋糕?之前唯一的爱好就是摄影,摆弄相机不在话下,做蛋糕绝对是外行。于是,我找来海外的画册,同蛋糕师傅一起研究,并把我的"设计精神"注入奶油蛋糕中。我设计的第一款蛋糕叫"妈妈的围裙",圆圆的蛋糕切去一小部分,然后搭上花边儿,写上:"亲爱的妈妈,您辛苦了!"有点儿像乔布斯的"苹果"被咬了一口。这就是创意啦,当时全凭自己的直觉,做起事来那叫有感觉。

因为我的用心,一年以后·我就已经在普通蛋糕里加入了裱花艺术,在当时,中国还没有人能够做出如此漂亮的蛋糕。这种创新让我看到了市场的一个潜在商机,这也是我人生的一个转折点。

那时,23岁的我充满了创业的意识,个性中的张扬因素,总是能让我很好地表达自己。我在雅安升起了第一个广告热气球,如此一来,全雅安都知道有这么一家蛋糕店开张了。我们搞"前店后厂",中间隔的是玻璃,顾客可以看到后台操作的全过程。这种全透明的空间设计,不只是室内装修,更是体现了我做企业的基本理念。此外,卫生很重要,我一遍遍拖地,容不得一点不干净,这种亲力亲为的习惯后来一直得以保持。结果几个月下来,生意好得很。

我有一种自信,就是一定能做出最漂亮的蛋糕;有一种喜欢,就一定能做好。只有热爱了,事情才可以持续。我是那种心动就会行动的人。当时之所以选择雅安,是分析了当时的形势的:自己没本钱,成都太大了,于是就选择回老家做。没想到不到一年的时间,"喜利来"就做成了全国最好的蛋糕店。

从"喜利来"到"好利来"

在雅安的成功让我产生了"走出去"的欲望,我想在更大更广阔的舞台上施展才华。

那一年回家过年的二哥看到了我的作品,激动得睡不着觉。他无比肯定地告诉我,不要说在雅安、成都,就是在南京、上海这样的地方都没有这么美丽的蛋糕。于是,我们开始了蛋糕店的考察之旅,不看不知道,一看吓一跳,这真是一块巨大而无人占领的市场啊，我大喜过望。二哥当时在南京工作，囊中羞涩的我因为那里的房租太高而放弃了。在我的心中，想要物色的是一个比成都小、比雅安大的城市。慢慢的，一座西北城市——兰州进入了我的视野。

兰州地处西北，相对闭塞，房租等成本都较低，非常适合我起步。我马上定下心来，安营扎寨，求租门面，最终选择了酒泉路 1 号。我到现在都很清楚地记得这个门牌号，200 多平方米，一年 7 万多元的房租。这笔钱可是七拼八凑整来的。我先回成都，把住房卖掉，正好 7 万元，摩托车也卖了，能卖的都卖了，心爱的"理光牌"相机当了 8000 块，我当时下了决心，以后一定会赎回来的。因为，这是我人生的第一个梦想。

这一年刚好是 1992 年。许多亲友对我的此次创业都颇有疑虑，认为是我的一次心血来潮。他们来为我送行时，目光中都饱含着惋惜之情。在兰州，我遇上了一位对我影响至深的好房东，一位地地道道的西北汉子，每每提及此段，我都会眼眶湿润，这一段往事更加坚定了我关于做人、做事、做企业的基本信念。也正因为此，我改了企业的名字，叫做"好利来"。

在开业的前夕，我们试用搅拌机，结果把房子的一堵承重墙震垮了。这幢楼是 10 年前修建的，用的是泥，而不是砖砌墙。我一看把人家的房子都震垮了，心一下就凉了，第一个反应是："完了，完了，一切都付诸东流了！"这是要赔偿的，而且当时还有一大笔供应商那里的赊账呢！没想到，房东来了以后，了解了情况，就拍着我的肩说："小伙子，不要担心，一切由我来负责，你不用赔一分钱！"我顿时眼泪止不住地往下掉，心里想，如果房子真倒了，那我可真的是倾家荡产了。真是天不灭人，人焉能自灭？

> 逆境是成长必经的过程，能勇于接受逆境的人，生命就会日渐茁壮。
>
> ——思八达观点

房东竟然"神通广大"地找到 10 年前的施工队伍。不仅如此，在重修现场，墙真的随时有可能塌，但是房东就站在那里，还拉我过来一起，说："真要塌了，我们在一起。"谢天谢地，墙最终没塌下来。他把房子修好了，而且，确实没让我承担一分钱。我也再接再厉，将店内修葺一新。

我的蛋糕店终于开张了，名字就叫"好利来蛋糕世界"，那是 1992 年的 9 月 13 日。为什么叫"好利来"？因为我在异地刚创业就遇到大好人了，也祝天下好人都好运好利，一生幸福。

市场是创造出来的

兰州是我的福地。在 1992 年，就有 200 平方米大的蛋糕店，这绝对是一个特例，楼下光展示蛋糕的面积就有 60 多平方米，样品琳琅满目。正式身份是饮食公司经理的房东一直担心，我的房租能否交得上，甚至主动表示，可以在许多方面帮助我。当他第一天看到好利来的样品时，高兴地和我拥抱了一下，这个西北汉子悬着的一颗心终于放下来了。因为他知道，肯定没问题。

当时，中国百姓吃到的蛋糕，主要用的是蛋清制作的人造奶油，蛋糕坯的烤制工艺也很落后，口味差，造型也很粗糙。我对这种常见的蛋糕进行了改造：放弃了人造奶油，全部改用澳大利亚进口的黄油；蛋糕坯的烤制，也采用国外最新的工艺；每一款蛋糕，都有很精美的造型设计，用很细腻的裱花技艺表现出来，从而使蛋糕不仅仅是蛋糕，还成为传递情感的温馨产品，让中国人在口感上和情感上，都有全新的体验。这样的蛋糕，我们命名为"艺术蛋糕"。当然，它的价格，比普通蛋糕贵很多。

长年在西北生活的人们哪见过这样的蛋糕，好利来一发不可收。当时员工有七八个人，每个人都只能睡两三个小时，开业当天营业额就有 3000 元。此后生意大有爆棚的状况，柜台甚至要用木杠子抵住，防止被挤垮了。

改革开放不久的中国民众，有巨大的情感表达需求，也厌倦了商品长期单一、简陋的状态。好利来的出现，让他们大开眼界、交口赞誉，所以虽然蛋糕价格很高，仍然抵挡不了他们的消费热情。我在不知不觉中，填补了一个市场空白。过年的时候，兰州第二家店出现了。房东也把更大的房子租给了我，有 800 平方米，地方叫"大中华一号"。好动脑筋的我策划了主题——"儿童时尚餐厅"，用我自己的话来说，就是将仅有的才华全用上了。

接下来，我又在兰州开了第三家店，每一家店都供不应求。兰州电视台找上门来，表示可以先做广告后付钱。于是每到"天气预报"的时候，电视屏幕上就会出现好利来蛋糕的图片。很快，我又开了第五家门店。这个时候，我有了一个比较成形的"中国蛋糕大王"的想法，于是就动员我的三个亲哥哥，还有一个发小来兰州帮我一起打理。

做中国的"蛋糕大王"

这个时候，我开始考虑更长远的事情。现在只是种了两棵树而已，如果能全国连锁发展，那么企业抗风险能力会很大。我已经意识到，我在蛋糕行业可以做出一番大事业来，于是开始和一起创业的伙伴们讨论我们未来的发展。

我告诉他们，我要做中国的"蛋糕大王"，这是我的梦想。其实早在四川雅安开试验店的时候，每天晚上，我都要拉着我的发小、后来也是好利来创业伙伴的吴冰先生聊天，每次都聊到深夜。我反复地告诉他，我的梦想，是要做中国的"蛋糕大王"。为了给自己打气，给自己信心，我甚至吹捧自家的祖坟埋得好，每天给别人讲梦想到凌晨。我的敬业精神让朋友心服口服。我做自己喜欢的事情，真可以做到不睡觉，超出人的极限，堪称"铁人"。这应该就是一股干事业的激情，以及做事的极致主义吧。

我的商业嗅觉也很好，当年在雅安开店时，我在那个商业街十字路口，在"女娲补天"雕像边找了家门店，到现在那里都是雅安开店面的黄金位置。我后来回想，觉得这应该归功于一种与生俱来的判断力。

起初，他们一点都不相信我会成为"蛋糕大王"，觉得我是痴人说梦，但是后来我不断地说，他们也开始相信了。在兰州，我又提到了我的"蛋糕大王"的梦想。虽然这个梦想在当时看起来还是大了一点，但他们都非常支持我。最后我们决定采用连锁经营的模式，向东北三省扩张。

之所以选择东北是考虑到蛋糕属于高档消费品，只有在经济相对比较发达的地区才有市场；而且蛋糕的消费受气候影响也比较大，往往天气寒冷的地区比炎热的地区销售量要大。而东北是中国的重工业基地，经济基础比较好，当时的生活水平在全国处于领先地位。另外，东北地区的城市比较密集，便于分布在不同城市的门店之间进行资金、物流和人员的调动，便于原材料的统一调配，可以节省大量的成本和资源。事实证明，进军东北市场是一个成功的举措，即使是今天，东北市场也在好利来的经营份额中占据着重要位置。

抢占东北从"吉林战役"开始。时值寒冬腊月，在东北，一般到了冬天，因为气候寒冷，土建装修都会停工，一直到开春天气暖和了才动工。我们一干人等凭着年轻人的一股热情，为了抢时间，决定在 12 月份开始装修，那可是零下 30℃啊！路过的人们都以为这帮人想钱想疯了。施工现场，大匠必须 10 分钟一轮换，否则根本支撑不住。顺便一提，好利来的招牌是用当时非常先进的"宝丽板"做的。

天气虽冷，我们的心却是火热
的。每一个人，都充满着激情，充
满着希望，不顾一切地工作。一定
要成为第一，一定要成为最好的，

> 创造机会的人是勇者，等待机会
> 的人是愚者。
>
> ——思八达观点

这是当时大家心里的共识。那段时光，太充实了，太精彩了，一路都
很成功！我就是喜欢那种激情燃烧的感觉，尤其是在冰天雪地的东
北大地上，热火朝天，那是怎样的美！只要是你所热爱的事情，你就
一定能做好，而且觉得美！

"沮丧的蛋糕"怎么办

在沈阳，我做事就做到极致，只做我内心所需要的东西，其余的
事情并不关心。

那时候，好利来连锁已做到五六十家，全部都是直营，没有加
盟。因为在产品品质问题上没有任何商量的余地，我只想做让人们
快乐的产品。但我也知道，利益会使很多人失去平衡。好利来一直
使用的是高品质原材料，不像很多商家用的都是替代品。如果加
盟，那么就需要极强的品质监控能力。此外，加盟店对企业文化的
理解与执行一定是会大打折扣的。

在海尔，人们熟悉张瑞敏"抡锤子砸冰箱"的故事，在好利来，也
有"摔坏的蛋糕"的故事。

顾客买了蛋糕，出门摔坏了是很常见的事，尤其在冰天雪地的
北方，骑自行车很容易滑倒。人们欢欢喜喜地载着生日的祝福与喜
悦回家去，突然遇到这样的事情，心情一定坏透了。一般来说，遇到
这种情况人们会送回店里修补一下，或者重新定制。对于这样柔

软、精致的东西来讲,修补在某种意义上就是重做了,不仅需要人力,同时也需要相当的成本。那么,摔坏的蛋糕怎么办?

我专门就此召开了公司会议,众说不一,大多数意见是好好修补,并收取一定费用。这确实是符合常理的做法。但我就是不按常理出牌,非常坚定地作了一个让全体员工,甚至是让我的顾客、我的竞争对手都为之惊讶的决定,那就是,摔坏的蛋糕免费修补,不收钱。

我说:"我不这样算这个账,好利来做的是爱的事业,爱是关心,是帮助。顾客为什么选我们?顾客选了我们的产品,我们就要对得起这份信任。修好了,顾客的心情也会随之好转,好运仍然在,在本该欢乐的日子里就不会那么难受。顾客买我们的蛋糕,是用来表达自己的一份真心,蛋糕摔坏了,顾客的心也碎了。所以我们修补的不仅仅是一个蛋糕,还是顾客的一颗心。生日是个欢乐的日子,顾客高高兴兴地来,我们也要让他们提着蛋糕高高兴兴地回家。"最后,这个决定在大伙儿一阵热烈的掌声中通过,我的价值观得到了认同。

从此以后,这就成了好利来一条不成文的规定,那就是将"沮丧的蛋糕"以最快的速度免费修好。这个理念后来又得到了发扬光大。我一直说,我们的员工是很棒的,能够理解总裁的心声。有一次,一位顾客购买了竞品①的蛋糕,不小心摔坏了,拿回竞品的店里希望免费修补,他们没有答应。顾客又试了几家蛋糕店,都没有店答应给他修补。最后他抱着试一试的心态来到好利来店里,结果我们的员工热情地替他将蛋糕修补得完好如初,顾客非常感激。这个事正好被正在巡视的我撞见了,当场就给这位员工最热烈的掌声与拥抱。我告诉他:"你是最棒的!你知道总裁要什么,知道企业的价值观是什么!"

---

① 竞品:竞争对手的产品,同类商品中品质和价格相近的商品。——编者注

早期好利来连锁店内，罗红与员工在一起

还有一次，某一年的春节，在牡丹江，一对爷孙来到店里，孙子为爷爷订了一个生日蛋糕，带着爷爷来取。拿到蛋糕后，孙子兴高采烈给爷爷看，但爷爷嫌蛋糕太贵，坚决要孙子把蛋糕退掉。孙子很为难，说："蛋糕都做好了，怎么能退啊！""给我退掉！"爷爷固执地说。爷孙俩正在僵持时，店里的一个领班上去说："爷爷您放心，这个蛋糕可以退的！"当即把蛋糕的钱退还给了爷孙俩，圆满地解决了争执。孙子感激地说："谢谢，我们永远是好利来的顾客！"

其实店里没有退蛋糕的规定，是那个领班在现场自己作出的决定。刚好看到这一幕的我走上前去，给领班一个深情的拥抱："你是好样的！"这是我激励员工们用得最多的句式："你是好样的！"

一次现代管理导致的"自杀未遂"

创业的步伐迈到一定程度，梦想还远未实现，噩梦就开始了。

有那么一刻,我差点就不在这个世界上了。

1998年以后,好利来已经是一个逐渐庞大的公司了。实际上在这之前的一两年,我就开始感觉有些吃力。从创业之初起,我就习惯在一线和员工们一起干,凡事亲力亲为,上自市场开拓、产品研发,下至员工招聘、岗位变更,我都要亲自抓。在企业规模不大的时候,这是可以做到的,那时候的企业文化很棒,员工把企业当成自己的家一样。但随着企业的成长、人员的增加,我一个人就应付不过来了。

于是现代管理理念进来了。许多从海外回来的职业经理人带来了西方的企业管理、企业文化理念。这套理论的核心,就是制定一套完整的管理体系和管理制度,通过充分的授权,让人退下来,最主要就是我,由制度来保证公司的运作。当然,每一个管理环节,都要设置对应的管理人员,这样一级一级地管下去。在当时看来,这是一套极为合理的方法,因此,我同意了鼓吹者的建议,引入了这一套管理模式。于是好利来开始了一场所谓的"向现代企业转型"的运动。

我引入了一个经理人,很快将他任命为总经理。西方管理理念的基础是对人的不信任,将人性假设为"人之初,性本恶"。于是,文化碰撞开始了。坦率地说,我授权进行这一次企业改造,也有抵抗不了"现代化大型企业"这个称谓的诱惑的原因。但这套模式和体系,对我来说是完全陌生的,有很多地方,我还弄不太明白。但既然授了权,我就放手让他们搞吧,自己逐渐成为一个"局外人"。

好利来开始删除人性化的东西,全由制度化的东西来代替。

在我看来,他们搞的这些东西很高深、很复杂,我一边观察,一边思考,一边对自己管理企业的知识和能力产生了怀疑。他们的很多理念,和我的理念,是背道而驰的。于是我自问,我是不是不再适合做企业的一名领袖?这种怀疑,对我的自信心是一种重创,也让我觉得自己对企业来说，是一个多余的人了。

"空降兵"走马上任后，出台了一系列规章制度，制订了详细的《经营手册》，随后对运营架构予以调整；但是激进的风格难免生硬地对待原来的团队，很快遭到抵触。冲突终于爆发。我一直喜欢在外面跑，让我整天坐在办公室里会觉得很痛苦；我的高层也开始痛苦了，因为他们找不到主人的感觉了，都成为"打工仔"了。与我激烈争论之后，三位副总全部辞职，"空降兵"也感叹事情难做，随后也离开了。

这种来自高层的动乱，刻骨铭心，我郁闷、压抑到想跳楼。在一次高层会议上，看着大家的争吵，我痛苦不堪地问自己：这还是我的企业吗？我到底是谁呢？连亲哥哥、发小都不理解我。人要是被冤枉，特别是被身边亲近的人冤枉，那实在是太郁闷了。我冲向窗户，就想一跳了事，结果发现会议室在二楼。

第二天，我另辟新路，把好利来全国市场分为六个大区，让副总们退出集团管理层，但是各领一个大区，并持有大区股份，最后一个大区自己管理。大家各自当家后，才知道柴米油盐贵，才开始认识到，只有公司好了，自己的利益才有保障。实际上我也感到很累了，就一个人去了非洲。

非洲，人类永远的心灵家园

非洲是一部永远念不完的书。

有个朋友曾对我说，非洲的海岸线很美，于是我决定一探究竟。没想到，到今天我往返非洲已超过 30 次了。

这片古老大陆的淳朴力量，最能够将心灵满是尘埃、自以为是的现代人打回原形。我正是从这些凶猛生长的植物与动物们身上，汲取到了生生不息的能量。非洲肯尼亚纳库鲁湖的火烈鸟、马赛马拉的角马，坦桑尼亚乞力马扎罗的大象，纳米比亚埃托沙①的长颈鹿、斑马，以及犀牛、羚羊，在我眼里无不如此。但是，那些欢腾与自然的壮美并非轻易就能获得。从第八次去非洲，我开始租用直升机进行航拍。

每次深入非洲拍片子的时候，也是我认真思考问题之时。在寂静无声的原野里，我的灵感肆意奔涌，我能想清楚所有事情，以及面临的各种困境。等到回国后，我就将自己的想法付诸实施。

> 如何获得智慧？就是进入无关和局外，无关生智，局外生慧。
>
> ——思八达观点

当你是一个很浮躁的人，你能有智慧吗？你想的全是不该想的事。在非洲，人们笃信人与万物和谐相处，才能生生不息，达到心灵

的宁静与圆满。有段时间，我回到国内就要吃安眠药才能睡着，在非洲则不用。在那里，什么都能放下。自然界生生不息，这种生命的延续，这种美让人什么都能放下。

每一次去，我都有新的感动。我是用心去看、去体会。但这片美丽的大陆到底能保持多久，我也不知道。但我选择用镜头将这些点点滴滴记录下来，让更多喜欢美的人感动，让人们保护动物、保护自然。

有一次非常惊险。那是在纳米布沙漠②，我租用的直升机在起飞后，连续两次掉了下来，最后彻底坏了，飞行员说要大修以后才能再用。我急坏了，已经来到沙漠中，就必须飞。不久，导游想办法弄来了一架螺旋桨小飞机，载着我们飞进沙漠。这种飞机感觉是第二

---

① 埃托沙：纳米比亚埃托沙国家公园，位于纳米比亚北部，面积约 2.3 万平方公里，是撒哈拉沙漠以南非洲最大、最著名的野生动物园。——编者注

② 纳米布沙漠：Namib，亦译郎米比沙漠，位于纳米比亚和安哥拉境内，是世界上最古老、最干燥的沙漠之一。——编者注

次世界大战时的老古董，四处漏风，抖动得相当厉害，可怜的导游吓得脸色铁青，手死死地抓住身旁的扶手，心里肯定后悔死了，怎么就遇上了个疯子呢？但这种飞机速度太快，不适宜航拍。回到住地，我就开始到处打电话。整个纳米比亚就只有一架商务直升机，还被我摔坏了。最后联系上了一架作为纳米比亚总统座机的直升机，对方都答应了，但听说要租用五天，而中非合作论坛在这期间就会结束，总统先生要从北京返回纳米比亚，就泡汤了。最后总算从南非租到一架，连夜从约翰内斯堡飞过来，飞了整整八小时。飞行员只睡了两个小时，一大早就被我催着上路了。

还有一次在非洲，我差点回不来，回想起来，我想是命中注定吧。我前脚刚走，一群盗匪便去抢我的飞机，老板被打死了，一共四人死于非命。当时我要没走，也就没了。

我心是一切，一切是我心。我在非洲遇到过危险，但老天爷喜欢我，给我力量让我逃掉，所以我从来不怕。许多亲朋提醒我这个那个，说"驾着劳斯莱斯要小心啊"之类的话，但我一直认为"不做亏心事，不怕鬼敲门"，去天堂不怕，去地狱也不怕。我就是一路按照自己的生活方式来，过得很舒坦。

非洲，是人类心灵永远的家园。人类要有敬畏之心，否则就不再那么美了，人心变得浮躁了。只有在非洲，人和自然才和谐相处。非洲，是动物的天堂。非洲太美了。

领导力：镜头背后的取与舍

我喜欢和员工拥抱的感觉。这些年来，我一直觉得和员工是一家人。我觉得领导力有时候是天生的。

我第一次当领导是在中学时代。有一年暑假为了凑够买胶卷的钱,我去一个工地干活,按照定好的规矩,一个月大概能赚30来块。我很快觉得有什么地方不对,为什么大家辛苦一个月只能挣30块钱呢?有一天休息的时候,我对这20多个都比我大的工人说:"你们来这里干吗?赚钱对不对?我有一个想法,组长是好人,但不适合带你们挣更多的钱。如果你们想挣更多的钱,选我当组长吧!我最少让你们一个月挣到60块,比原来多一倍,如果挣不到的话,那这两个月我所有的工资拿给你们买烟、买酒。"最终,原本充满怀疑的工友们还是被我这个小兄弟的执拗打动了。一半以上的人举手通过!我一宿没睡觉,梳理清楚每一个工序,研究下一道工序怎么支持上一道。那本事真的是天生的,我对组织分工有一种与生俱来的敏感。按照这计划组织分工,一个月下来,厂里边沸腾了,每个人赚的钱从30块变成120块。那年代一个月赚120块,相当不得了。

一个团队领导的个人能力,是整个团队成员向上成长的"盖子"。如果这个"盖子"低了,团队成员的发展就会被限制,无法突破;这个"盖子"越高,团队成员成长的空间就越大。每个人的能力都有限,要让整个团队成长,自己必须不断地学习、进步;还可以借助外力来突破自我这个"盖子",帮助自己和团队提升。好利来创业的初期,我们的企业文化,其实就是我个人的领导文化。

后来企业做大了,"病急乱投医",引进了所谓的现代管理,结果首先就把我这个董事长兼总裁整得没了电。接下来的10年,我都没怎么用心经营企业,也没有照顾好员工,照顾好我们的顾客。我"出走"了,追寻另外一个梦想去了。

现在,我非常想把我的切身感受告诉给更多的企业家:别走冤枉路。能成长起来的每一个中国企业都不容易,别轻易变身为"甩手掌柜",什么都不管,我觉得不对。别学当年的我,最后说是我害的。

我也不是完全排斥授权。在生活中，我总愿意保持乐观的心态去想所有问题，只想成功的一面，很少去想失败的一面。自 2000 年开始，我管理的事务已经非常少，至 2006 年，彻底甩手不干。

在这个过程中，每当我拍摄完回公司后，管理层一汇报问题我就骂，骂了以后再道歉："对不起，这是我的错，不是你们的错，因为我没有授予你们权力，既然没有授权你们就可以不做主，不承担责任。但服务业面对的是一线消费者，很多问题要快速得到解决，为什么你们就不去决定，非要等到我回来？"

我从摄影镜头中学会了取舍。摄影是减法，在构思阶段，我会想这张照片要表达什么，美在何处。这个时候我开始慢慢领悟了，其实一个企业应该更多地授权给别人，而不是把所有权力集中于一身。但授权有个度，这个度的把握，如同烤面包，要恰到好处。在经历了非洲、南极与北极的磨炼之后，我对这个度有了更为深刻的领悟。

让爱在企业中流淌

30 岁以前，我崇拜拿破仑；30 岁以后，我崇拜曼德拉与邓小平。他们那种胸怀、格局，是我们中国的企业家们都值得学习的。我们中国人都称邓小平为改革开放的设计师，企业家也是设计师。

实际上，我当年去非洲，一是想换个空间，到大自然里多呼吸点新鲜空气；更重要的是在自己企业里已找不到感觉，有几分逃避的意思。当时我对企业做大之后的管理没有经验，没有把控的能力，就把"宝"押在了所谓成熟的西方管理上。结果我被废掉了，觉得完全没有用武之地。

我们的蛋糕是有生命的产品，比如我们做出来的玫瑰花是有爱的，多烤五秒钟效果都是不一样的。如果人变成了机器，心变得冷漠了,能做出好东西来吗?那段时间,我们引进的文化变成了斤斤计较的文化,凡事都用金钱来计算,加班一个小时多少钱,员工像得了瘟疫,这已经不是我所要的企业了,但在那个时候,我无能为力。好的,一切都交给他们吧,结果全乱套了,不是我要的了。我没有我的价值。我是追求自我的人,没有自我,拿着那么多钱有什么意思呢?

我是个充满生命力的人,身体里好像有一个发动机,在一刻不停地运转,我的生命一定要不断地燃烧,绝不能做一个平庸的人。

好利来的文化其实是爱、情感与关怀的文化。我发自真心地对员工说,和你们在一起的时刻,是我最快乐的时刻,是我最自信的时刻,也是我最感动的时刻。我曾经远离你们,常年行走在原始的自然、野生动物的世界里,没有给你们足够的关怀,没有给你们足够的帮助,但你们依然信任我、依然等待着我。今天,当我回到你们中间,我再一次深深地感到,在我的生命中,最宝贵的,是你们对我的信任、对我的爱,而我最爱的,也依然是你们——我的伙伴们。让我们再次共同成长,再次创造辉煌!

为什么一个人的企业能不断成长并带动无数人成长,遇到各种困难仍在坚持,因为他是发自内心地去解决问题。

——思八达观点

在我看来,我的员工都是我的孩子,我是家长。刚创业的时候,好利来食堂肉香飘飘,顿顿有肉,我教这些农村来的孩子怎么生活。第一课是教他们洗脚,教他们保持卫生,每个人必须洗澡,做到关爱他们的点点滴滴。为了让孩子们洗好脚,光买“足光散”就花了 20 多万元。来学手艺的学员,分文不取,不光三餐有肉,每月还有 20 元零用钱,算下来每个人 5000 元的培训成本。培训完了,你愿意走还是可以走。如果是为了钱,我就不会这样处理。我坚信,留人要留心。我从不搞“押身份证”之类的惯常做法,听了我都觉得恶心。员工能学到很好的本事，有了手艺就饿不死，这给了他们安身立命的本事，所以，留下的员工都是爱这个企业的，工作非常勤奋。

因为东北一些地方的迷信思想认为，1999 年是 20 世纪最后一年，不要庆生，否则不吉利，导致了我们蛋糕业务的下滑。当时我们的主要业务就是蛋糕，所以企业陷入困境，被迫要解雇近半的员工。在员工大会上，我当场流泪。我给离开的员工每月发生活费，并承诺他们，公司情况好转以后，他们还可以回来继续工作。一年之后市场回暖，我发出了邀请信，离开的 800 名员工回来了 784 人。

早年罗红在办公室与员工一起过年吃饺子

从我内心来讲，我很清楚我所要"取"的、所要坚持的是什么。为了带给消费者最好品质的产品，好利来做了三件事：第一件事，选择认同"爱"文化的员工；第二件事，注重员工培训和教导；第三件事，做好产品的品质控制。

很长一段时间，我的注意力都放在了后端支持，我们遇到一个行业性的问题，保质期有限。当年我们准备在北京建一个现代化的月饼工厂，投资 2000 多万元的工厂建成后，灭菌的问题没有解决。

于是我全部推倒重建，重新请来专家设计，才达到了国际制药行业的"无菌化"标准，在车间里都可以做外科手术。2001 年出现了南京冠生园月饼事件①，整个行业面临危机，反而给了我们崛起的机会。最初计划月饼实现收入 3000 万元，结果当年的销量突破了 1 亿元。

有记者朋友经常问我：好利来什么时候上市？对此，我有自己的认识。我们没有融资的需求，好公司不一定要上市。我们这个行业和别人不一样，培养人需要很长的周期。现在来说，我觉得稳步成长对企业更重要。

管理的最高境界是"没有管理"

3 年前《波士堂》节目上一位嘉宾提了一个问题，引发了我长时间的思考，那就是好利来的核心竞争力到底在哪里。后来我想明白了，不是所谓的文化，也不是团队，而是企业的灵魂人物。灵魂人物不可替代！灵魂人物长进了、提高了，团队能力就会随之提高，我的心一旦回来，就能打造很棒的团队。

管理的最高境界是"没有管理"。每一个员工都把自己所在的店当成自己家的店来经营，每一个员工都是用心做事，真心付出，去燃烧生命、体现价值。我现在的目标，是要帮助更多的员工过上幸福美好的生活，赋予更多的人价值。其次，我希望能够为下一代，留下一个很好的价值观、一笔宝贵精神财富。

说实话，好利来有一段时间也出现了很大的问题。员工抱怨、离开，产品质量在下降，服务质量在下降，因此，顾客也在抱怨、在离

---

① 南京冠生园月饼事件：2001 年中秋前夕，中央电视台"新闻 30 分"曝光其使用陈馅制作月饼，引发公众信任危机，其产品全部滞销，连与之共享同一品牌的上海冠生园等都受到严重影响。——编者注

去。在许多城市，竞争伙伴把我们压得抬不起头。我们的品牌沦为二流品牌。这使我感到非常的震惊。我接到不少老员工的电话，他们对企业的现状表示出极大的困惑、不满和失望，对自己是否继续留在企业，也极感迷茫。听到这些以后，我感到非常的伤心。

原来我们搞的是目标管理和绩效考核，这虽然让我每年都能有上亿元的利润，但当我知道企业的现状，知道我的员工不开心以后，我觉得我赚到的这些钱，一点都不能让我快乐了！相反，我感到非常的内疚，我对不起我的员工，对不起我的顾客。这让我进行了一次深刻的反思和忏悔，到底是在什么地方出了问题？

我渐渐地意识到，问题就出在对西方管理方式的引进上。每个企业的文化和它的核心价值观都是不同的，照搬或者生硬嫁接，都会带来灾难性的后果。西方管理方式是靠制度来维持工作秩序，靠目标来推动工作进度，靠奖惩来激励工作热情。在早期流水线式的工业生产中，这是一套行之有效的方法。但它总体上是静态的、被动的，无法让企业跟上外部世界的迅速变化，尤其是在 21 世纪这个充满变化和不可预期的时代，它往往让企业陷于被动与低效。其次，繁琐死板的体系或者制度，容易滋生官僚意识，形成一套冗杂的官僚体系；严格的目标管理和目标考核，容易让一部分管理人员为实现个人的销售目标不择手段，甚至不惜牺牲品牌形象、产品品质和员工利益。最后，外来的管理人员在空降企业后，对企业原有的文化不够理解、不够尊重，对于企业的过去，也持过多否定的态度。加上急于取得成就，在工作态度上和方法上不免粗暴、武断，在经营上目光短浅，过度追求短期效益，甚至压榨员工以保持自己的业绩。

10 年的管理，基本上摧毁了好利来原有的文化，伤害了不少员工的心，也伤害了一直忠诚于好利来这个品牌的顾客的心。这是我之前没有预料到的。早在兰州创业那一年，我曾在成都龙泉驿一座很有名的庙里，许了一个愿：要凭自己的智慧和勤奋，帮助更多的人过上幸福美满的生活。接下来的几年,我一直是这么想的,也是这么做的,大家看得到,感受得到,因此也觉得好利来不是我一个人的事业,而是大家自己的事业,所以都非常投入,非常用心。

每个人都有梦想。一个普通员工的梦想,也许只是通过自己的工作,照顾好家人的生活。但一个企业家,应该有大梦想,就是要帮助员工们实现自己的梦想;在照顾好员工之后,再顺便实现自己的价值和梦想。在创建好利来的时候,我的心里确实有着这么一个朴素的想法,在经过 10 多年的曲折以后,我发现,真的应该是这样。企业家的价值,不在于实现了个人的梦想,而在于你帮助了多少人实现了他们的梦想。

在我回到公司事务管理的这一年多时间里,我革除了管理旧弊,清退了冗余人员,重新整理了我们的企业文化。春节时到每个员工所在的城市去拜年,鞠躬认错。又通过各级干部的集中学习和培训,重新明确企业的方向,树立员工的信心。在会上,我对在场的所有干部说:我以我的人格,向大家承诺,我将用我的一生,来帮助大家成长,帮助勤奋努力、主动进取的人在好利来获得物质与精神的双重丰收。持续付出努力的人,请再给我 10 年,你们看看是什么结果。

把瞬间的美变成永恒

我觉得摄影最大的魅力是把瞬间变成永恒。因为摄影,我在大自然中行走了十几年。这十几年,我感受到一种双重的震撼,既震撼于大自然的稀有之美,也震撼于她的屡遭破坏。这种双重的震撼,逐渐让我成为了一个坚定的环保主义者。2006 年 6 月,受联合国环境规划署邀请,我在内罗毕举办名为"地球,我们的家园"的个人摄影展,这也是我们中国人首次在联合国举办个人摄影展。搞了

10 多年的摄影,这还是头一次办个人展,而且没想到一办就办到联合国去了,实在是兴奋,也实在是紧张。随后,我创立了罗红环保基金,成为第一个在联合国建立个人基金的中国人。

2009 年 7 月,我获得联合国全球"气候英雄"称号,这是亚太地区唯一获此殊荣的环保主义者。在我得到获奖讯息时,非常意外,原本普通话就不太流畅,当时差点连四川话都说不清楚了。但在讲台上,我坚持用我的本色语言——四川话来演讲,据说,我也因此成为继邓小平之后第二个在联合国总部用四川话演讲的中国人。对一名摄影师和环保主义者来说,我认为这是一生中最高的荣誉!

在我的博客里,以照片为主,有些时候,言语无法表达自己感受到的震撼。航拍时,我彻底陶醉了,精彩绝伦的画面像蒙太奇一样,接连出现,在乞力马扎罗秀美的雪峰前,在广阔无边的大草原上,时而是斑马群在奔跑,时而是野牛群在散步,时而是角马群在追逐……那是怎样的生命的欢腾与自然的壮美啊!太美了!

10 年里,我先后赴南极拍摄帝企鹅,两度赴加拿大拍北极熊。沙漠箭羚、非洲猎豹、火烈鸟、斑马等皆是我镜头下的常客。虽然一张张精美的照片给观者留下了深刻的印象,真实地再现了动物之美,但我对自己的作品并不完全满意。

比如我最想拍的火烈鸟专题还没拍好。火烈鸟是天生的芭蕾舞演员,求偶时公火烈鸟站成一排,舞动着翅膀,造型美极了。可惜这个我还没有拍好。我现在只拍出它们心脏跳动的感觉,还差一点血液在流动的感觉,倘若能拍到它们的灵魂,让观者产生共鸣,那才叫完美。

我关注环保,不是停留在口头上的"不吃鱼翅"、"不吃野生动物",我要让自己的镜头开口说话,将动物最美的一面展现出来给人看。虽然这些年身体力行去倡导环保,但一个人的力量的确微乎其微。于是,我就想与联合国环境规划署合作,开展中国儿童环保教育计划暨中国儿童环保绘画大赛,想从小培养一批环保人士。这个教育计划举办数年来,已有 920 万儿童参与到环境保护的行列中,中国有 960 万平方公里的国土面积,差不多每平方公里的土地上都有一个小朋友参加这个计划。我希望能够在每平方公里上都培养一个未来的环保领袖,并为此作出自己最大的努力。

这样的数字让我自豪。当年,联合国颁发我"气候英雄"大奖时,我还感到受之有愧。现在,扶持了这么多小气候英雄,当这些小朋友走上联合国的舞台,我看到了希望。随着数量的增加,这个群体将越来越大。所以,今天再称呼我为"气候英雄"时,我内心坦然。

我倡导以美的力量打动人,我个人认为丑的东西是负能量,美的东西是正能量。我的镜头就是想展示最美好的一面。我觉得美最能打动人,更能唤起人心的善,所以人们在我的照片中看到的都是比较甜美的瞬间。我想用我的这种方式唤醒人们热爱动物、保护大自然的意识。

走进南极:帝企鹅带来的感动

和南极相比,非洲的那些危险似乎不值一提了。2007 年 6 月我去南极之前,和美国的代理公司签了两次"生死状",意思很明确:去南极,自己承担一切后果。第一次签时还没感觉,签第二次时,我心里也打起了鼓。

到了南极,在从爱国者基地飞往帝企鹅基地的途中,飞机中途要在一个加油点加油。油桶是去年埋在那里的,上面插上了旗子作标志,但当我们一行到达时,旗子早被风雪吹得无影无踪,飞机只能靠 GPS(全球定位系统)来定位,在空中盘旋了半个多小时后才找准位置,先后降落了四次才成功着陆。

颠簸了 40 个小时,终于到达帝企鹅基地,在冰面上安营扎寨,帐内温度只有零下 15℃,恶劣的条件超出了我的预料。但是一早起来打开帐篷,成群的企鹅围在帐外,探头探脑地往里面看,憨态可掬,一点也不怕人。我立即拿着相机冲出帐外,一连拍了 12 个小时,结果因为拍照的时候需要屏住呼吸,时间长了大脑缺氧,病倒了。第二天,我只能在帐篷里生生躺了一天,粒米未进。我暗地里嘀咕:这次还能回去吗?自以为意志力强大的我被打倒了。

我心想,如果不把这美丽的企鹅身影带回祖国,就对不起祖国人民啊。后来最让人没有胃口的方便面救了我,让我有了食欲,之后支撑我了 10 多天,我每天就像叫花子一样去看天仙般的企鹅。起初的欣喜很快过去,我开始对企鹅们没感觉了。企鹅的叫声,就像汽车的噪音一样,搅得人心烦,根本

> 为什么佛教讲一秒就是永恒?当你跟外围一切对接的时候你就会感到美!你是一切,一切是你,你就感觉到存在。在红尘之中所到之处,你体会到的是没有思维,这样你就会吸收无限能量,跟宇宙直接对接,然后一转身,这种能量立刻会产生妙用。
>
> ——思八达观点

静不下来,神经快要崩溃了。但我又一心想着要和更多人分享这稀世美景。最终,我还是在第三天熬过来了。怎么熬过来的呢?当时我就琢磨着到底怎么办。突然,我觉悟了。帝企鹅在那么恶劣的环境下,还这么坚强地延续着生命。这是怎样的生命力啊!这感动了我,也触动了我。心有灵犀一点通,我想到了解决之道:那就是进入企鹅的频道,进入它,同频合拍才能抓得住。呱呱呱,呱呱呱呱,呱呱呱呱……我慢慢地和这单调的音频融为一体了,哎呀,那感觉太好了。找到感觉了,就拍了起来。

那时每天顶着大风去吃顿饭,维持生命就完事了。对我来说最大的快乐就是用电脑选照片。选出来以后,配上我喜欢的音乐,每

天凌晨四五点钟还在一直放,自己听了都想哭,这是那段时间最大的快乐。我想,只要我的心还活着,就会一直拍下去。

"黑天鹅"是怎样诞生的

我身上有一种特质,那就是做一件事情要么不做,要做就做到极致。正是因为这样,摄影与蛋糕之间打通了。最近两年,我们研发了很多产品,现在做得很棒。好利来近年推出的高端蛋糕品牌"黑天鹅尊贵至美"(以下简称"黑天鹅"),就与我的摄影有关。这是以前的老班底做的,员工不到30岁,都很年轻。

"黑天鹅"的灵感来自2009年北京最早的那场大雪。大雪之后的第二天早晨,我起床第一个念头就是往马场跑,去拍黑天鹅。果然,行走在白雪上的黑天鹅,仪态万方,优雅高贵。天鹅可能并没感动自己,倒把我给感动了。拍的时候,我一天十几个小时蹲在边上守着,捕捉黑天鹅的美。为了抓到最好的瞬间,我早上5点钟起来,因为只有这个时候的光线最好,黑天鹅的姿态最美。我是用心在守

罗红摄影作品——黑天鹅

候，工夫不负有心人，拍成了。夜里，当我在电脑前欣赏新拍的作品时，脑子里突然冒出一个想法：黑天鹅的气质如此高贵优雅，为什么我们不做一个黑天鹅的高端蛋糕品牌呢。我的灵感瞬间就来了。第二天，我把团队召集起来，把拍的黑天鹅片子连同优美的音乐播放给大家，再给他们讲黑天鹅的习性和气质高贵之处，让员工融入黑天鹅高贵的情境中。

很快，我和我的团队完全沉浸在了新蛋糕的创作中，夜以继日、废寝忘食，第一个任务，就是要把天鹅做出来。一个星期后真的做出来了，我们用法国的糖做了两只天鹅，平均是 40 分钟做一只天鹅。我们终于创造出了让我们自己都很感动的蛋糕，成功地把欧洲蛋糕的品质文化理念、日本蛋糕的口味调制理念和好利来蛋糕的情感表达理念融为一体，我把这个新品牌叫做"黑天鹅"。

"黑天鹅"巧克力系列

"黑天鹅"蛋糕从原料到工艺到造型，都与目前市场上的蛋糕不同，它的主要原料都是选用全球顶级的原料，制作工艺也比普通蛋糕复杂得多，制作条件也相当苛刻，必须由最好的蛋糕师来制作。

比如蛋糕上面用来装饰的一朵玫瑰花，一个最好的师傅，一天最多也只能做 15 朵左右；比如"举世倾慕"的婚礼蛋糕，共九层，蛋糕上有 99 只天鹅，每只天鹅的形态各异，全凭技师的灵感和高超的技艺，用两个小时，才能完成一只。优雅精致的天鹅，唯美的小花瓣，绝对是一种视觉享受。生命有限，但是精彩无限。如果"黑天鹅"蛋糕最终大获成功的话，我相信，中国蛋糕行业的标准将会因此而提升，整个行业的蛋糕制作水平也会因此而提升，中国百姓将会享受到更好的蛋糕。

"黑天鹅"在我心目中是蛋糕里面的顶级产品和艺术品，所以我决定用劳斯莱斯来送蛋糕。我认为劳斯莱斯和"黑天鹅"蛋糕是绝配，购买我们婚礼蛋糕的顾客，也配得上这样的待遇。现在我们的"黑天鹅"高端蛋糕店在北京、天津、沈阳、长春、石家庄都开了，很多去了"黑天鹅"店的朋友给我打电话说："罗红，你又颠覆了人们对整个蛋糕界的认识了。"

很多孩子去了之后就会嚷嚷着还要再去。这就是美味嘛，我们的服务员很大方，冰激凌巧克力随便你尝。你吃了黑天鹅蛋糕，还会去买其他蛋糕吗？

"黑天鹅"专卖店不仅产品美、装修美、服务美，人也美。我们的员工里有"全国模特冠军"、"全国花样滑冰冠军"。北京马上开第二家"黑天鹅"，我要将其打造成中国最高级的蛋糕店，其中一半空间是我的摄影艺术长廊，另一半空间是蛋糕。我用 1000 万元打造这家店，把我发现、捕捉到的美与大伙儿分享。这也是我们至今为止最大的旗舰店。我知道我是在干什么。这是中国最高端的蛋糕品牌，当然，也是中国最贵的蛋糕，这一次，我将掀起中国蛋糕的第二次革命！我，就是天生做蛋糕的人。

人生是一次漫长的曝光过程

每个人和宇宙中的星球一样，都有自己的轨迹。许多人在红尘历练不好，染上尘埃，把自己弄没了，迷失了方向，脏得连自己都不认识自己了，所以要像洗脸一样来洗心。我想让更多的人找到对这个世界更多的爱。

人生最重要的应该是，热爱生活。财富只有当它可以帮助我们改善生活、帮助我们实现梦想时，它才是有意义的，否则整天累死累活挣那么多钱，有什么意义？我的人生就是这样，不同的阶段有不同的重点。但好利来和摄影是我的两个梦想，这两个梦想，我一生都不会放弃。在我看来，味蕾和眼球的满足，连接的都是心灵的快乐。乐观善良的人，嘴里尝到的总是甜蜜，眼里看到的总是快乐；悲观的人则刚好相反。当心灵与万物对接时，就会产生智慧和灵感。一切杰出的作品，都诞生在这种智慧与灵感之下。摄影和蛋糕对于我来说，都是创作。不断地创作美好的作品并与大家分享，是我最大的快乐。不该储存的东西，我从不储存，我会及时将自己清空、归零。

以前我是个天才，但是后来有一段时间彷徨了。现在我重新回到企业，帮助员工成长，用心做好产品，照顾好顾客，把企业做成一个受人喜欢和尊敬的企业。只要足够沉静，抓住自己心动的触点，就能使客户心动。

人在烦闷、浮躁的时间和空间里往往无所适从。我的好利来蛋糕、"黑天鹅"蛋糕，一款接着一款，从几百元、几千元、几万元，乃至几十万元、上百万元一个的蛋糕都有。我也从不做调研。我认为，只要你的心足够沉静，就可以知道客户真正想要的东西。人们就是太浮躁了，有时候自己都不知道自己要什么。这时候就要沉下来，追问内心,到底什么东西才能让我心动。

只要足够沉静,我心动了,客户必然心动。我说得很有禅味。能够真正让自己心动,就一定可以让广域的受众心动。前 6 年,我可以给自己打 80 分;后来犯了一些错误,企业偏离了方向,现在重新回到企业,纠正方向,只能给自己打 50 分了。等企业重新经营好以后,我想还能打到 80 分。

前 15 年我把主要精力投入生态摄影,将大自然最美丽的瞬间记录下来与更多人分享;接下来,我要做出最美、最有品质的蛋糕、面包,给更多人的生活带去快乐。在我看来,最危险的事情就是置身于高楼大厦的办公室里,没有梦想地活着。那样的话,我就是行尸走肉,办公室就是一个牢笼。

罗红摄影作品——非洲动物奔腾

人生的意义,就是为美而感动,为美而存在。我想成为一个没有遗憾的人,或者说,成为一个尽可能没有遗憾的人。我是一个追求完美的人,追求完美的另一种说法就是没有遗憾,也许人生不可能没有遗憾,但它可以成为一种追求。以前爱好与事业矛盾,那是不成长,是逃避,我的心灵积满了尘埃。现在不冲突了。十几年行走于大自然,我读懂了很多东西,只有当自己的心回归到简单、真实、自然的状态,和万物对接后,才能自然流淌,才能从心里长出真正的智慧。

我是个对生命充满激情的人,我喜欢生命燃烧的感觉,我绝不会让一天蒙混过去。生命是个过程,幸福就是在过程中找到生命的意义。我是第一个航拍非洲的中国人,我的镜头能飞过群山,越过草原,能捕捉到非洲大地上的美丽瞬间;我用相机记录火烈鸟的火焰之舞,感受百万角马的生命赞歌,我和坦桑尼亚马赛人一起狂欢起舞,有人把我的非洲作品誉为"非洲大地的史诗"。我非常喜欢这个过程。人生就是一次漫长的曝光过程,从来到世间起就按下了快门,直到离去时才松开它。对我来讲,能够给更多的人带来幸福和快乐是我觉得生命中最重要的事情。

摄影让我找到了我心灵的家园,也让我找到一个创造自我价值的方式。对我来说,摄影既是一种享受,也是一种追求,概括地说,我一直是怀着一颗纯粹的心去发现纯粹的美,这不仅是我的艺术观,也是我的生活观。我所做的事情就是,给人们美的享受,不管是做蛋糕还是摄影。

肯尼亚总统为罗红颁发"总统武士勋章"

2011 年 11 月 29 日上午 10 点半，在中国驻肯尼亚大使馆刘光源大使的带领下，我来到总统办公室，接受了肯尼亚总统齐贝吉先生亲自颁发的"总统武士勋章"。肯尼亚的"武士勋章"每年颁发一次，从 1963 年肯尼亚独立以来，已连续颁发了 40 余届。勋章主要用于奖励对肯尼亚国家发展作出重要贡献的人士。

齐贝吉总统在授勋仪式上说："作为一名摄影大师，罗红先生通过他的摄影作品向全世界展示了肯尼亚最美丽的景象，是肯尼亚通向世界的一座桥梁；与此同时，罗红先生还多次资助肯尼亚的环境项目，在野生动物栖息地保护方面作出了卓越贡献。"

能够获得这个勋章，我感到非常激动和自豪，总统先生的评价，却让我感到压力。肯尼亚政府和人民为全球环保作出了巨大的努力和牺牲，我非常希望通过自己的镜头，让更多的人认识和了解这个美丽的国家，我也相信会有更多的人被肯尼亚的壮美景象所感动，一起来为保护地球而努力。

至此，我想对大家说的是：生命要像小草一样拼命顽强地成长，只要心中有梦想，付出不亚于任何人的努力，一切都可以实现！

五项修炼之第一项

连接的智慧

"连接的智慧"是指将身心与宇宙中的某项事物相连、接通的一种能力。罗红成功的创业，固然有许许多多的原因，但是在他身上鲜明地体现了"连接"的智慧。他与所从事的工作完全融为一体，全身心、可持续、心无挂碍地投入事业，从中找到无穷的乐趣。对于他来说，世界是美好的，工作是迷人的，他可以从各种体验中汲取推动事业的能量。他像是一个天生的艺术家，不在乎世俗的看法，只按照心中的感觉自动运转。在浩瀚的宇宙中，他将自己看做一个独立的星球，他融入事业，又通过实践与宇宙合一。

对于连接的智慧，瑜伽修行者更有体会。在梵语中，瑜伽（Yoga）一词的本义即为"一致"、"结合"、"和谐"之意。这种起源于古印度的修行方法相信，即使是通过一些最简单的运动，也可以达到身体、心灵与精神的和谐统一，并最终达到天人合一的境界，也就是所谓的梵我合一。"天人合一"的思想在中国古典哲学中早已有之，天地人各有其道，"合一"为个人的最高境界。

罗红说，这一辈子，他就恋上了两样：一是摄影，二是做蛋糕。几十年如一日地喜欢、投入，为了摄影，光非洲就去了30多次，将来还会再去，这是一辈子的事情。在非洲的马赛马拉大草原上，他俨然是野生动物群体里的一分子，全然忘却了尘世的一切。在那里，他与大自然同频合拍，建立了一种相当融洽的连接关系，以至于每当他回国，在大城市里安然入睡都成为问题。

他同样爱好蛋糕，执著于研发、制作具有艺术价值的蛋糕，从"妈妈的围裙"开始，一路走来皆是如此。最近面世的"黑天鹅"高端蛋糕系列，正好打通了他的两大爱好：摄影与做蛋糕。他略显激动地给我们描述第一次在冬日晨曦中发现的黑天鹅无与伦比的美，以至于接下来几天每天天刚亮的时候，就匍匐在水池边，守候最佳的拍摄时机。那一刻，罗红是全身心地投入，是一种非常纯粹的状态。当一个创业家真正处于连接状态时，创业将成为他生命中最大的享受。

感觉离不开体验，人生本身就是一种体验。有感觉的人，随时随地会发现成长的机会。一般来说，体验的范围越广、强度越高，参与的程度越直接，越容易吸收能量。体验可以带来激情，也可以让你回到本初。在一个动态的社会，没有新的体验就会僵化。

> 建立连接首先要有感觉。有了感觉，才能做好一件事，没有感觉，做多久也还是浑浑噩噩。你所选择的事业，应该是你最擅长、最热爱、最痴迷的事。千万记住，凡事只有进入了感觉，才能有所成就。不能轻视感觉，你无法欺骗自己。感觉不会无缘无故地光临你，世间没有绝对偶然的事情。顺着你的感觉出发，你将追溯到自己的使命。每个人都有自己的感觉，要学会倾听自己。
>
> ——思八达观点

所有的消亡始于感觉的消亡。当你有感觉的时候，做事就能以一顶十、以一顶百。当你发现所接触到的一切都是美的时候，这就是你和一切融合的时候，你是一切，一切是你，你的创业也就成了一种尽情的存在。从你找到感觉的那一刻起，其实你已初步建立了连接。投入是连接的深入。

连接的最高境界是心与灵的融入。在感觉的世界里，只有你自己，你是唯一的，也是不可战胜的。

如同星巴克创始人霍华德·舒尔茨所言："如果你倾心投入于自己的工作，或者任何值得为之努力的事业，你就有可能实现在他人看来不可能实现的梦想。生活因此会变得很有意义。"我们所采访的一位创业家也这样说："所谓幸福，就是在过程中找到生命的意义。"

第二章

宋治平：如何运用爱与影响的智慧

宋治平

创业家素描

　　在北国江城的松花江畔，有这样一位女性：她既是一位艰苦创业、敢作敢为的企业家，又是一位柔情似水、爱心为怀的慈善家；她既是一位统率数千员工打造企业航母的舵手，也是一位四个孩子的母亲，除抚养自己的儿子外，她还收养了三个孤儿并资助900个孩子读书。她就是全国人大代表、中国十大女杰、全国"三八"红旗手、吉林省政协常委、吉林省工商联副主席、吉林康乃尔集团董事长——宋治平。

16岁那年,宋治平陪母亲去吉林市看病,这是她人生中第一次走出大山。她惊奇地发现马路两旁有一排排路灯,到了晚上会亮起来。那一刻她对自己说,以后一定要在这座城市里生活。回到学校,她问老师:怎么才能够进城?老师告诉她:只有两条路,一条是找个男人嫁到城里去,另一条是考大学进城。宋治平当即选择了第二条路。10多年后,年仅29岁的宋治平创办了吉林市第一所职工大学,四年内近万人接受了再教育,很多人亲切地叫她"宋大学"。

1989年宋治平去英国曼彻斯特大学留学,学期五年,毕业后可拿到教育学硕士证书,但没想到的是,她的命运却因此而发生了剧烈的转折。在英国的时候,她发现中国货很受欢迎,于是提前终止了留学生涯,在德国、美国成立了外贸公司,做起了国际贸易梦。在办职工大学期间,教委已经给她配了一辆轿车,也在她家里安装了电话,这在20世纪80年代后期,已经是够惊人的了。但刚办公司的时候,她从零做起,带着公司仅有的三个人每天骑着自行车四处谈生意。很多人不理解她为什么放弃这么好的条件从头开始,但经过了三年的努力,她在外贸这个行业里创造了奇迹,在20多家外贸企业中,她的外贸公司由最后一名做到了第一名。

到今天,她一手创办的康乃尔集团屹立在松花江畔,集团内的化工厂,其产品苯胺在全中国已成为行业的龙头老大。2011年,康乃尔集团的销售收入超过60亿元人民币,应缴税额超2亿元,利润近3亿元,并顺利完成上市前的两次融资,共14亿元资本金,并与吉林省煤业集团在内蒙古共同建设大型煤矿。从当年的上山下乡到小学音乐老师,再到职工大学校长,从外贸公司经理到"化工女王",宋治平以一个东方女性特有的坚韧、果敢和细腻完成了人生的数次飞跃。她半生的奋斗历程讲述了一个平凡中国女性的非凡故事。

在残酷的商场上,宋治平是那种有扑面而来的霸气的人,她从不知道什么叫认输；在生活中，她又有着温柔而极富耐心的一面。这些年来，尽管企业越做越大，但难能可贵的是，她一直精心经营着亲情、友情和各种社会关系。她用实际行动说明，一个女强人可以做到事业和家庭的双赢。

尽管有着一连串的全国性荣誉，宋治平并不讳言自己曾经的失败。事实上，事业对她的压力常人难以想象。她不止一次夜深时站在松花江边放声大哭，也不止一次找个没人的角落小声哭泣，但每次释放完情绪后，她都会补好妆，然后面带着微笑再次走到她的团队和家庭中去。即使是现在，有时候她仍会失眠，整夜躺在床上想那些白天发生的经营问题，直到天快亮时才休息两三个小时。有人说她是"铁娘子"，但很少有人知道命运所赐予她的孤独与无奈。

20年创业一路走来，冷暖自知。不过宋治平提到最多的词还是"感恩"。她说，自己要感恩那些为她承担过风险的人，感恩那些在她最艰难的时候还是坚定不移地站在她身边的人，感恩一直无条件支持她的丈夫和家人，感恩四个孩子，感恩所有帮助过她的人，感恩她的员工和团队的付出。

谈起未来的事业版图，宋治平丝毫不掩饰自己的雄心，她的抱负还远未实现。经过多年的苦心打拼，她的化工王国已牢牢扎根于中国本土和亚洲市场，正向着全球行业冠军的位置进发。在这条充满不确定性的征途上，我们仍可以不经意地捕捉到当年那个英姿飒爽的美丽身影。

内心的渴望是一切成功的源泉

人生首先要有目标，没有目标就没有内心的渴望，只有内心先燃烧起来，人生才会精彩。如果我是个甘于平淡的人，就不会有今天。

我出生在吉林省桦甸市一个叫夹皮沟的小镇，四周都是延绵的大山、一望无际的森林，这里生活着一群开采金矿的人。我父母都是矿企的职工，在镇上的条件算好的。我懂事很早，6岁起就帮弟妹做饭穿衣，10多岁就送弟妹上幼儿园，自立精神强。按理说，中学毕业后的我可以顺理成章地接母亲的班，当一名矿企小学老师，但16岁那年，我就已清楚自己注定不属于那里。为了能够进城，我认真读书，一心想上大学。后来我听说"上山下乡"两年后有机会被推荐进大学，不顾父母的反对，18岁就自己背着行李下乡去了。

那是一段激情燃烧的岁月，北风呼啸，斗志昂扬，今天的年轻人已无法理解那种生活。为了能够被推荐进城上大学，我积极表现，一个姑娘家在农村战天斗地，带领大家学大寨、修梯田、唱样板戏，干得红得发紫，当过集体户长、妇女队长、大队团支书、公社路线教育工作队队员等，两个春节都没回家。到了1977年国家恢复高考制度，推荐不行了，我又开始复习功课，白天干活，晚上看书，高考的前一天还带着集体户的同学储秋菜，收工后才直奔考场。但结果是离大学录取线只差三分，这是我人生第一次遭受打击。

只有拥有与众不同的想法，才能拥有与众不同的世界。

——思八达观点

春节快到了，但我不想回家，我一个人留在集体户里，准备和贫下中农一起过年，并带领他们演节目。一天傍晚，县里突然通知我参加吉林师范学校音乐班的考试。我觉得虽然不是考大学，但也能改变自己的命运，所以决定参加，但我们的集体户距县城100多里地，从集体户到能坐车的公路还有5公里，并且要翻一座大高山。我一个人在集体户里犹豫了几个小时，最后决定一个人在夜里两点钟起程。我拎着一把斧头，戴上一顶棉帽子出了门。在翻过大山之前，要经过一片坟地。我从小就怕鬼，所以在经过这片坟地时，我恐惧极了，看着一点点磷火在坟头上忽明忽暗，我感觉有很多屈死鬼在坟后藏着，身上的汗毛都竖起来了。我拼命爬到了山顶，北风呼啸着像狼在叫，我向山下望去，看到很多白桦树后都好像有人影在闪动。这时候，我犹豫了，我不知该走下去还是回去，但又想到返回去还要经过那片坟地，不如咬紧牙关走下去。我连滚带爬到了山下，又经过一个小时，终于来到了公路上。这时天已经蒙蒙亮了，公路上没有一个人。我想千万不能坐下来休息，那样我会被冻死。我在公路上来回地小步跑着，突然听到汽车的声音。我想无论如何要把这辆车截住。我把棉帽子摘了下来，露出两条大辫子，把斧头也扔到了路边。我要让司机看到我是女孩子，这样他会因为可怜我而停下。开过来的是一辆运输粮食的货车，我看到车里还有一个空位子，就站在路中间，把车截住了。司机很同情我，就把我带到了县城的考点，最后我很幸运地被录取了。但我的目标是读完大学本科和研究生，这只是我人生的第一步。现在我很后悔当时没有记住这辆车的车牌号，所以也没有找到那位司机。师范学校毕业后，我被分配到了吉林市一所小学当音乐老师。四年后传来一个消息，一所地处吉林市远郊的中学缺音乐老师，很多人不愿意去，我主动申请，因为只有成为中学教师，才有报考大学继续深造的资格。

就这样，我初步实现了进城的梦想，迈出了我人生的第一步。

现在回头看，应该说我是个目标感比较强的人，我始终知道自己要什么样的生活，随波逐流不是我的个性，这一点到今天也没有改变。

影响力从一点一滴的小事做起

进入中学后，我顺利地考上了大学，同时走上了领导岗位。我想，这一方面是因为我上进心强、工作投入，另一方面是我对人生有自己的想法，不会因为别人的眼光或评价就改变自己，个性中有强硬的一面。有人说我情商高、善于表现，我不觉得这是一个人的缺点，而且他们并没看到我的成长并非容易。我没有背景，凡事全靠自己争取。

举个小例子。在中学当音乐老师的时候，我一心想当先进，可在当时的教育环境中，音乐老师并不受人重视。那么除了认真工作，怎样才能得到全校老师，尤其是女老师们的好感呢？我很快注意到了一个现象，很多老师的孩子吃午饭的时候因为大人还没下课，只能在外面挨冻挨饿，我就每天把这些孩子召集到我的音乐教室里来，给他们在火炉上热好饭，烧好开水，吃完饭后又刷干净每个孩子的饭盒。等到大人下课时，孩子们已经高高兴兴地吃完了。就是这件简单的小事感动了很多人。

大家都知道，一个女人在工作环境中（今天叫职场）要想脱颖而出很难，会遇到很多无形的障碍，你的优秀可能会招来别人的嫉恨，但你只要真诚付出和帮助别人，就会感动周围的人。我 1979 年参加工作，到 1986 年就当上了校长，这在当时的教育界是非常罕见的。期间我还建立了家庭，有了一个可爱的男孩。带孩子，念大学，一个女人在生活和事业上该有的基础都已打好了。说来也是命好，后来我所在的中学与市里的一所旅游学校合并，我就当上了旅游学校的副校长。

你能成就多少人，就有多少人成就你

　　我一直相信，你能帮助多少人实现梦想，就有多少人成就你。

　　由于历史的原因，20世纪五六十年代出生的很多人都没有上过大学，这些人在晋升、评职称时遇到了瓶颈，所以社会上出现了"文凭热"。1985年，我抓住机遇，在教委的领导下，办起了职工大学，使很多人实现了梦想。

　　1989年，我到英国留学，梦想拿到教育学硕士学位，却意外地发现做外贸更有挑战性。

　　当时我还无法想象，一个女人进入商海究竟意味着什么。很多人也不理解我的选择，觉得我放着优裕的生活不过，干吗要自讨苦吃？而能去英国留学，这在当时人们的眼里是多么的荣耀，而我却中途退学。但我已认定了方向，就坚定不移地起航了。我放弃了校长的职位、铁饭碗的月工资及专用的小轿车，一切从零开始。记得那是1991年的元月，我调到了吉林市外贸局新成立的一个小公司，全部员工只有我和三个大学生，我带着他们骑着自行车开始到处找生意，三个月过去了，我满嘴起泡，因为我没赚到一分钱。

　　我一生也不会忘记我的第一笔生意。当时，一位老朋友对我说："你到吉化公司（中国石油吉化集团公司）批些聚丙烯来，然后我帮你卖到某化工厂去，就能赚到钱。"我当时都不知道聚丙烯是什么，但很快设法批出了100吨，然后这个朋友帮我联系到那家化工厂。但化工厂的人说："我必须看到你把货提出来，才能给你付款。"我当时连1万元资金都没有，而要想先取出这批货，需要50万元。所以我只好跑到银行去贷款，17天内反复找了两家银行的行长多次，他们却说："我们和你虽然是朋友，但这笔款不能贷给你，因为这不符合我们的政策。"这个时候我才知道贷款这么难。后来另一个朋友帮我找到了信用社,信用社社长跟我这个朋友说:"第一,你得为她担保;第二,我得跟踪这笔钱。"原来是他们不信任我,怕我携款逃跑。但尽管如此,毕竟还是拿到了贷款。我用这笔款到吉化公司把聚丙烯提了出来,转手卖给了那家化工厂,但他们只给了我一张银行承兑汇票。当时银行已经下班了,我没见过这种汇票,所以怀疑这是不是钱啊,万一不是钱就上当了,我一夜没有睡着,好不容易盼到天亮了,我焦急地跑到银行,一看是钱,高兴得不得了。这笔用贷款做成的生意,去掉利息和税,还剩 3.5 万元的利润,我当时很奇怪为什么要给银行利息,还要交税呢?但不管怎样,3.5 万元已够我们全公司四个人一年的工资了。我快乐极了,几乎被胜利冲昏了头脑,浑身充满了无法释放的喜悦,就跑到幼儿园把儿子接到公园去玩。平时我很忙,就是当校长的时候,也很少回家跟孩子在一起,所以我儿子说:"妈妈,你要专心看着我玩,别想别的事。"看到儿子快乐,我感到一种成功的喜悦。第一笔钱让我兴奋不已,但只跟儿子在一起的时候,我还是觉得这种快乐没有释放出来,于是我匆匆把儿子送回家,然后请了那位帮我卖货的朋友、为我担保的朋友,还有为我贷款的信用社主任吃饭,表示感谢。我快乐地告诉他们,我能当职工大学校长,也同样能做生意,我赚钱了,而且我们全公司四个人一年的工资没问题了。我快乐地要唱歌,要跳舞,要喝酒。我手舞足蹈,叽叽喳喳地说个不停,虽然他们对我不懂"为什么要交税和付利息,连银行汇票都不认识"而哭笑不得,但还是被我的快乐感染了。我们醉得一塌糊涂,连单也不能埋了,还是我老公来收拾残局,把我背回了家。

几年后,那位帮我卖货的朋友和信用社主任相继去世,我为他们买了墓地。后来那个为我担保的朋友因挪用自己单位的公款被起诉,想到他曾经帮过我,我就拿出 20 多万元帮他退赃。我为他们难过，为他们流泪，并无条件地关心帮助他们的家人。再后几年，又有帮助过我的人进监狱，我依旧竭尽全力去帮助他们。我是一个讲政治、讲原则的人，但在帮助过我的朋友面前，我总是变得过于重感情，我总是希望他们能平安归来。我也多次被好友提醒和忠告，不能无原则地回报别人，我也懂这些，但还是为人生的欢聚和离别而痛心伤感。

人生是经历的总和

接下来我想重点谈谈我的挫折、磨难和失败，我觉得这些经历对大家更有帮助、更有价值。

1994 年，我看到国内很多外贸公司兴起，许多大企业也有了进出口自主权，外贸空间有限。我意识到外贸进出口的冬天到了，于是我决定做实业。我先做了一家化工设备厂，因为和吉化公司关系一直不错，所以我背靠大企业，把我化工设备厂的产品与吉化公司的产品配套，于是这个企业比较顺利地生存下来，直到今天，还在稳定地发展着。

1997 年，我听说吉化公司 103 厂要对现有的醋酸生产线进行技术改造，使产量增长一倍，但当时中央政府不批准这种技术改造项目，认为是重复建设。我立刻抓住机会告诉吉化的朋友，中外合资就不受这个限制，所以我以美国公司的名义与吉化公司成立了合资企业，争取到了技术改造项目，但我必须从美国向这个合资企业打入 300 万美金作为资本金。灾难降临了！我在美国没有 300 万美金，后经一位朋友引荐，有人愿意借给我 300 万美金，但我必须用 3000 万人民币作抵押。这个人是在深圳、珠海一带最受认可的吉林市企业家，是大珠宝制造商，有工厂，有市场，是我们所见过的最大富翁。我们谈好我上午把 2400 万元打到朋友的账号,他下午就把 300 万美金汇到我美国公司的账号。但当天我接到美国亲戚的电话,说我儿子在美国失踪了,我万分焦急,当天就买机票去了美国,并把这件事交给我的朋友办理。我的这位朋友和他从小一起长大,感情很好,就高度信任了他,把 2400 万打入了他公司的账号。这位大企业家用这笔钱跟银行倒据①,但被银行扣留了贷款,后经多次漫长的催款,还剩下 1360 万元无法归还。这个大企业家原形毕露,以诈骗罪被拘留,企业破产。

这种打击对当年 30 多岁的我来说太沉重了。我多少个夜晚都不能入睡,一闭上眼就想起那个企业家的面孔,由满面红光、谈笑风生,变成了满脸蛆虫的可憎动物。这件事让我精神上受到了极大的刺激,我自觉会少活 10 年。通过这件事,我想告诉大家,商场是多么险恶,不能轻易相信别人,重大的事情或许能导致你摔个大跟头甚至破产,所以不能交给别人做。因为承受压力的是自己,虽然欺骗者会得到应有的下场,但你本人也得跟着承受重大的灾难。另外就是,即便是最好的朋友或是有亲情和血缘关系的人,如果他面临着进监狱或死亡的危险,他很可能会选择欺骗你。再后来,又历经千辛万苦,我还是在朋友的帮助下,解决了 300 万美金贷款的问题,使这个合资企业顺利地开展了技术改造项目。

但这个项目要想完成,还需要向银行贷款 1 个亿。我又开始了漫长的贷款征程,我们把贷款目标锁定在中国银行,银行方面也说了这个方案可行。我们按他们的要求多次认真地提供了很多资料。当年吉林市到长春还没有高速公路,往返需 5 个小时,在 4 个月内,我往返长春 60 多趟。终于有一天,我接到银行通知,让我下午去开会,并告诉我提供的材料都已经具备,基本没有什么问题了,去开碰

---

① 倒据:倒约换据,即先将结欠金额还上,然后再贷出小于等于原贷款结欠金额的新贷款。——编者注

头会就可以了。我感觉这个事情有眉目了，心里特别高兴，就同时约了在这个项目上多次帮忙协调的市领导晚上喝庆功酒，结果到了银行后，银行方以项目投资过多、风险不可估，并对我管理化工厂的能力缺少信心为理由，拒绝了我的贷款。当时我根本不相信这个结果，我记不清是怎样走出银行大门的。这个项目正在开展，没有资金接续项目就不能干成，前面 300 万美金也不能收回。但晚上的庆功酒怎么办呢？还得喝啊！

我来到饭店，看到大家特别高兴地想祝我贷款成功。我想大家聚在一起不容易，还是不要让他们知道我失败了。我们一起点完菜，朋友问我结果怎么样，我说："挺好，成功了！"然后就开始倒酒，我强忍住不让眼泪流下来，因为不想让他们担心，我想让这顿饭快快乐乐地吃完。席间，我多次溜到门外流泪，然后擦干眼泪回来继续敬酒，最终大家高高兴兴地散席了。第二天他们才知道，我失败了。

我坐车回到吉林市的时候，时间是晚上 9 点多钟了。很多妇女在路边扭着东北大秧歌，有的女人把脸擦得一道一道的，穿着红裙子，在那里尽情地欢乐，我看了以后眼泪又下来了。我觉得自己这么累，还不如这些家庭妇女。她们很快乐，虽然有的人下岗了，但是她们吃完饭以后能很快乐地玩，她们没有压力，而我的压力那么大，顿时悲从中来。可一到家门口，我马上理性起来，想到丈夫还在家，家里还有老人，我绝对不能把悲伤带回家，所以我得表现得高高兴兴的。于是我又打起精神像什么事也没发生一样。这种感觉是很苦的，我想所有创业的人都会经历。最后还是工商银行为我贷了这笔款，使这个项目获得了成功。醋酸厂的成功为我的企业奠定了坚实的基础。

1999 年末，我自己已经积累了 1 个多亿的资金，但是我一点也没有想到去享受、去花费，而是特别想办一个大型化工厂，但这点钱是办不起来的。这时我们的市长找到我说，市里的江南制药厂和江北制药厂都倒闭了,问我能不能收购它们。两个药厂加起来员工有980人,已经好几年没有开工资了。市长表示政府可以给我提供政策支持,并把这两个药厂的资产都给我,这样我的企业的固定资产就会猛增两三亿元人民币,但前提是我必须把这980人安置好。经过调研后,我同意将这两个破产企业接过来,并承诺且做到了对所有职工几年的工资全部补齐及对没有报销的药费全部进行报销,最后我们通过买断工龄的方式安置了300多人,其余的员工都在康乃尔药厂(今吉林康乃尔药业有限公司)安排了工作。康乃尔药厂的成长虽然艰难,但发展很快。2008年,康乃尔药厂又在长春市投资了2亿多元人民币,建成了吉林省最大的医药物流。

既然你选择了创业,就要吃得了别人吃不了的苦。最苦的不是体力和心血的付出,而是希望的瞬间破灭,是精神上的苦。这时候你不能倒下,如果你没有坚强的意志,陷入负面的情绪不能自拔,跟随你或是想帮助你的人也会对你失去信心,你只有挺住。

一个梦想的艰难启程

1997年秋天,我去德国法兰克福考察一家大型化工企业,一排排在阳光照射下银光闪烁的高塔震撼了我。我当时产生了一个强烈的想法:什么时候我才能拥有一个大型化工厂呢?8年后的一天中午,位于松花江边的吉化公司苯胺厂的一声巨响聚焦了世界的目光。

苯胺厂爆炸之后,由于中石油(中国石油天然气集团公司)对主营业务的调整,决定放弃重新建设苯胺厂。我觉得爆炸的主要原因是设备和工艺落后。我咨询了国外很多专家,他们告诉我,如果引进德国的世界最先进的绝热硝化技术和美国杜邦公司的苯胺生产技术，就能解决爆炸的问题，并可以降低生产运行成本。我当时判断：我们背靠吉化公司，整个苯胺上游的产品都由它生产，原料来源很充足，这个条件别人不具备；吉化公司生产苯胺已经 40 多年了，它培养了大批的人才，管理团队和技术工人的能力都很强；下游市场也特别好，吉化公司原来有现成的市场，包括韩国、日本的市场都很好。我决心由自己的企业来填补这个空白，整个投资预计超过 30 亿元人民币，仅一期投资就有 13 个亿，资金缺口很大。我把自己 20 多年的全部积蓄都投入这个项目，并把化工设备厂和药厂全部抵押给银行，贷了一部分资金，市政府又为我担保了一部分资金。但资金还是不够，于是我找到国内最大的基金公司寻求合作，整整半年多，我一边进行苯胺厂的建设，一边陪同基金公司考察。终于有一天对方告诉我，项目已经基本通过，晚上开会决议签字。我兴奋不已，付出了这么多努力，总算是胜利在望。可谁知最后一刻，对方电话通知我，会议上有人认为苯胺厂还会有爆炸的可能性，投资方案被否决。

前所未有的巨大压力瞬间拥堵在胸前，刚刚的这个消息意味着我 20 年的积蓄将一夜之间化为泡影。当天夜里，我一个人来到松花江边，找个没人的地方坐下来，望着滔滔江水发呆，心里难受不已，不由得想跳下江去一了百了。我放声大哭，江对面灯火辉煌，人们都在快乐地生活，可此刻世界上没有一个人能帮我。我感觉自己软弱得像个蚂蚁，谁都能踩死我。我一直哭到夜里 12 点，江边空无一人。

这时候，我突然意识到自己必须安全，不能出任何事，如果出事，会连累前期给我贷款的银行，甚至是整个家族。想到这里，我一口气跑回家，补补妆，我不想让家里人看出我的异常，让他们担心。我告诉自己，事情还没有结束，第二天我必须坚强起来，必须寻找新的合作伙伴。我必须把苯胺项目干起来。最后经过数轮千辛万苦的融资，2008 年项目终于可以启动，但金融危机又来了！

真正的寒冬才刚刚开始。下游企业首先告诉我不能生产,他们无法消化,我们被迫停下来。整个 2008 年的冬天,我天天看电视新闻,祈祷世界经济能早一天回暖。同时,我们在企业内部苦练内功,鼓足干劲抓培训,继续投入升级设备。到 2009 年 3 月国家拉动内需,我们再次启动项目,新产品质量非常好,生产安全性也有保障,很快被下游企业订购一空。但好景不长,一个月后的 4 月底,我们企业旁边的一家化工厂突然出现了状况,说是有工人出现头疼,认为是我们生产苯胺所泄漏的一氧化碳导致。我们的员工并没有反应,可对方有几百人倒下。事态迅速扩大,以至于惊动了政府。虽然我相信自己的工厂绝对没有泄露一氧化碳,但百口难辩,两边生产都会产生一氧化碳,到底是哪里泄露的一时也难说清。政府建议我们停产,看是否还有人中毒。我心里很不情愿,停产就意味着下游企业和物流环节的整体瘫痪,损失可想而知。后来我从全局考虑,还是忍痛下令暂时停产。那天晚上,灯火辉煌的厂区一个个车间的灯相继熄灭,每灭一盏灯,我的心就揪一次。我站在厂区,眼泪哗哗往下淌,当时我就想,这灯灭了,什么时候才能再亮起来呢?后来我实在忍不住,冲进卫生间一个人哭,我不想让任何人看到。

情况紧急,我马上召集员工会议,告诉大家在停产期间原料不能出现任何安全问题,至到底停多久,我说大家要有信心,最多停几天,项目一定会再开起来的,现在最重要的是做好本职工作。没想到,最后整整停产了一个多月。期间,对方又有很多员工不适,甚至出现了卧轨事件。结果终于出来了,国家安全生产监督管理总局经过检测,证明我们的生产计划和流程是合格的,没有泄漏现象,国家环保部也认为我们的企业符合国家环保要求,各项指标都符合国家标准。同时,国家卫生部派人诊断后宣布,对方职工并未中毒——既不是一氧化碳中毒,也不是其他气体中毒,而是一种精神上的心因性反应。

经过千辛万苦,我们的苯胺厂终于在 2009 年 6 月 1 日正式投产。由于前后停产近两个月,企业无形中损失了 2800 万元。我后来反思得出结论:以后新项目的选址非常关键,尽管符合环保安全标准,也一定要远离敏感地带,否则一旦引起社会关注,后果难测。

2011 年 10 月投产的化工厂二期苯胺装置

2009 年,苯胺厂税后利润为 3000 多万元,2010 年税后利润为 1.8 亿元,2011 年税后利润为 2.7 亿元,三年累计缴税 3.1 亿元。在苯胺厂一期投入生产的同时,二期苯胺项目也已建成,这等于又建了一个苯胺厂。产量由一期的 18 万吨,到二期完成增加了 18 万吨,并建成了 10 万吨硝酸和 6 万吨合成氨生产线。短短五年时间,年产 36 万吨的苯胺厂已成为今天亚洲的行业老大,并迅速占领了国内外市场,被欧洲和美国的同行们视为惊人的创举。也正因如此,苯胺厂吸引了深创投(深圳市创新投资集团有限公司)、中信基金、渤海基金、九鼎基金等国内大基金纷纷入股,成为康乃尔的股东。

风险和教训是最好的老师

创业这么多年,我最想谈的不是成功。成功有必然性,也有偶然性,我想多谈谈风险和教训。

所有创业者都有体会,中国企业的经营环境极其复杂,气候多变，尤其是民营企业，你无法确定什么时候什么方向有风吹来，先天的抗风险能力低。我们是夹缝中生存的小草，风沙一来就把你盖住了。现在做任何项目，我首先都会进行评估，看看风险有多大，是否在可控范围之内，先把最糟糕的情况想到前头。

首先是政治风险。中国有句古话：常在河边走，哪有不湿鞋。创业 20 多年，跟我同时期出道的创业家所剩无几。为什么那么多企业都夭折了呢？一句话，在中国，企业要想做大，尤其是在传统行业，企业家首先必须懂政治，其次才是懂企业，懂经营。风险无处不在，任何时候任何地方都会遇到，避免不了。如果你不知道怎么规避风险，迟早要吃苦头。其中第一条就是政治风险，这样的例子很多。一个贪官的倒下会牵连一批企业家，如果你一味满足个别贪官的贪欲，就不会有好下场。这就要求企业家必须学会辨别人，看清楚什么样的人会给你带来风险。

其次是政策风险。什么行道可以做，什么行道不确定性大，企业家自己必须深入研究和判断。有的企业家在项目上马以后，才发现项目是不受国家政策支持的，比如高消耗、高污染类项目，那也是死路一条。

我有过一次惨重的教训，半年都没缓过来。20 世纪 90 年代初，政府领导建议我建一座屠宰厂，以解决全市居民食用定点放心肉的难题。这个项目投资额不是个小数目。我经过考察发现，光靠卖猪肉几乎没有利润，必须做深加工，做火腿肠，但这种技术和设备需要从欧洲引进。于是有关部门为我们联系了一家意大利企业，对方负责提供设备、技术和一部分资金，我们负责建厂，而且外方承诺返销大部分火腿肠。我当时有些担心，万一外方做不到怎么办呢？外方说，如果做不到他们赔偿，而且把这个条款写进了协议。结果我们投资了 30 万美金作为项目的调研报告和项目设计等前期费用，但该项目却没有进行下去，原因在于我们不了解意大利的政策，当地政府根本不支持该项目贷款,也不支持该企业投资到中国来,为了保护意大利当地的企业,更不同意在中国生产的火腿肠返销意大利。按照合同规定我们可以起诉,可我们折腾不起了。那段时间我一次次去意大利,可一下飞机到了罗马,就觉得天昏地暗,当地美丽的风景顿时都变成了污泥浊水,自己也像是得了精神病一样,无法忍受现实的残酷。往日的欧洲人在我的心目中,是那么文明礼貌,但这时在我眼中,却都变成了骗子。就是为了这30万美金,起诉几年以后,本金也花没了,还耽误了我很多时间,所以不得不放弃。

这样的例子很多。比如有人刚承包了一家生意不错的饭店,结果第二天门前就开始修路;或者某个项目因为造成了严重的环境污染,某一天突然被政府勒令关门。这些风险本来都是可以规避的,但又时常发生。

第三是与人打交道的风险。企业家要善于结交一切能给你事业带来帮助的人,你要想把企业做大,身后必须站着这样的人。但有时候,朋友往往也是最需要提防的人,尤其是在一些重大项目和资金的决策上,必须经过科学周密的调查,不能脑袋一热,朋友说怎么办就怎么办。

因此,做企业的人要牢记两点:第一不能给别人担保,第二不能借给别人大笔资金。生意归生意,朋友归朋友,要分清楚。对于你觉得应该帮助的人,如果他向你借钱,不如直接给他一点,就当白送好了。如果这个人你必须帮,那就要全程关注和监控资金的使用,否则多半是有去无回。

人脉=真心的付出+细心的服务

不过话说回来,我每次遇到危机时,都有很多人支持我,告诉我不能倒下,并尽全力帮助我,所以,直到今天我还站在这里。从这个角度讲,康乃尔集团最大的核心竞争力还是人脉。银行争着贷款给我们,中国排名前 10 名的基金公司有几家是我的股东,我们也才能越做越大。

我要提醒创业者,做企业不仅要经营好有形资源,更要经营好那些无形资源。经验是你的财富,风险和教训是你的财富,人脉更是财富,没有人脉则一事无成。那么人脉是怎么来的呢?答案其实不复杂,不是像我们平常道听途说的花钱行贿,搞邪门歪道,而是你要懂得"付出"和"服务"。把这四个字做好了,你就会有越来越广泛的人脉圈子,才会有人在你需要的时候帮助你。

这些年来,我之所以能认识很多政府领导,并与他们成为好朋友,并不是因为天生有超凡的魅力,而是善于在一些特定的场合结交他们。通常情况下,一个企业家要想结识上级各部门领导不太容易,即使有的场合遇到,按照中国的方式,也不过是吃吃饭,蜻蜓点水地谈几句,相互了解的过程很慢。但我非常注意抓住一些特殊的机会,比如国外考察、大型活动、各种形式的招商会议等。说实话,当这些领导出国或出差时,由于环境的变化,本身的状态与平时会有些不同。

这方面我有一定的优势。1991 年我下海后从事外贸,在德国法兰克福和美国洛杉矶开办了公司,一是为了做进出口生意方便,二是能接待省市各级别的领导团,帮助政府在国外各类招商会上做好服务工作。我非常了解欧美的风土人情和做事方式,而且我有当地驾照,行动便利。一般我会租来最好的车,自己驾驶而不是不雇用当地司机,带着这些团队从这个国家到那个国家,旁边坐着的都是新认识的朋友。在一个独立和轻松的空间里,大家感觉都很放松。我曾从法国的马赛开到西班牙的巴塞罗那;还曾从巴黎开到法国最南部的戛纳、尼斯两个城市,再到摩纳哥这个欧洲小国家住下,从早到晚要开 1000 多公里，但这样的活动我已经坚持了 20 多年。我还很注意细节。考虑到贵宾们会不适应国外的饮食，出国前我会准备好东北的咸菜、腐乳等，还特意从国内带上大电饭锅，每天早起一小时做大米粥。一路上不管身体多累，我始终谈笑风生，在我的调动下，车上的人也都快乐起来。这些辛苦的付出感动了大家，我也因此为自己编织了一个很大的人脉网。

再强调一遍：只有别人愿意和你在一起，你才有机会和别人交流，大家才有可能成为朋

> 修行是点滴的功夫。
> ——思八达观点

友。这就要求你必须成为一个善于号召和具有感染力的人，同时你还必须花心思安排好每一个环节。你要针对不同的人设计不同的节目，比如带文化素质高的人去欣赏卢浮宫，带希望来放松的人去看风光，带有钱人去购物等。

多年的经验告诉我，服务不仅是简单的付出，同时也是一门艺术，要用心做好每一个细节。20 世纪 90 年代还没有流行数码照相机，人们每到一地都喜欢拍照留念，为此我特意参加了摄影培训，提高摄影技能，比如怎样把人物之间的大小、胖瘦比例拍到最佳状态，怎样选取最好的背景和角度。不仅如此，回国以后我还为每个人做本影集，送到他们手里，他们看了都感到非常惊讶。人生中的有些记忆是不可复制的，直到今天，很多人翻开多年前的影集，还会赞不绝口。

这些细节都体现着服务精神。有人一想起服务，就会主观地认为服务是一种被动的付出，心里非常不情愿，这样当然会纠结，而且肯定也做不好服务，更不可能达到你的目的。但如果你心里经常想着怎么去帮助别人、关爱别人、照顾别人，你就会觉得服务是一件非常令人快乐的事情，收获也就是顺带的事情。因为你是发自真心地去帮助别人，别人也会尽可能地帮助你。

这些年我从一无所有发展到现在,最重要的推动因素之一是人脉。企业家要跟人打交道,这一关必须过。一个人事业要成功,离不开他人的帮助,但要注意,不是没有原则地什么事情都让人帮。有一种观点认为,行贿好办事,其实按照我的亲身体会,这种现象并不是社会的主流,也注定无法长久。我可以和领导成为朋友,但违反原则、触及底线的事情坚决不会做。

创业家的快乐从哪里来

我是一个天性乐观的人。在我当音乐教师的年代,我喜欢唱歌,喜欢跳舞,喜欢和人交流。自从走上创业的道路后,业绩虽高速增长,但由于事业的压力,我发现自己的快乐越来越少了。

企业渐渐做大后,我有了一个朴素的想法,就是要让跟着我的所有员工都过上好日子,让他们有房子住,让他们看病没问题,让他们的子女接受好的教育,让他们有存款去旅游。但说实话后来也纠结过。

在当地,我们的企业员工收入肯定是高的,生产苯胺的化工厂虽然属于基础工业,但我们工人的工资一般在中上等,我还为员工们购买了社保、医保等。不仅如此,这些年我给企业技术骨干及管理团队买了100多套房子。

有些时候,我也会觉得创业有风险。想象一下,无论任何原因,比如企业资金链断裂、产品不合格、市场不好、大形势不利等,都会导致我失败,我所有的积蓄和20多年的辛苦都将不复存在,光还贷款到孙子辈也还不上。但后来我明白了一个道理:创业家做到一定程度,已经不愁吃不愁穿了,为什么还要拼命把企业做大?最根本的目的还是为了成就更多的人,给更多的人成长的机会。创业家在成就别人的同时,也顺便成就了自己,所有员工在为企业创造财富的同时得到的并不多。由于你的存在,你使几千人实现了富裕,这几千人富裕的同时,创业家自己的财富也增值了。这样一想,我心里就亮堂了。即使有一天我真的破产了,但是他们富裕了,我也是值得的。现在我们企业有近 3800 人,加上他们的家庭成员就近 1 万人,如果我的付出能够使 1 万人过上好日子,员工的孩子能上好学校,这就是我的价值。认识到这一点后,即使再累,每天也会觉得快乐。

一个创业家要想做大,必须发自内心地善待身边的每一个人。只有这样,你才会真正快乐。将心比心,其实每个人都需要无微不至的呵护,需要内心的温暖。比如有员工反映职工食堂的塑料座椅有点凉,我马上责成企管部购买上百副坐垫;一位员工的孩子全身面积的 17% 烫伤,我亲自联系医院并自己掏腰包送去 2 万元治疗费;无论是哪个员工办喜事,我都提供自己的奔驰轿车当婚车;每一位员工过生日,都会准时收到我的祝福和生日蛋糕。

当你有了一定实力的时候,要懂得承担社会责任。企业不光是赚钱的机器,企业家要学会感恩。从国家利益出发,我觉得首先是要纳税,其次要安排就业,第三就是关注公益事业。企业并不是在社会中孤立存在的,它首先是在政府的关心支持下发展起来的。因此,企业要有感恩之心,要努力通过各种途径回报社会,对于需要我们帮助的弱势群体,我们要义不容辞地帮助。这些年,我先后资助了 900 多个贫困孩子念大学;企业先后为医疗机构、学校、吉林省妇女儿童福利基金会、吉林省见义勇为基金、吉林市慈善总会、四川地震灾区、青海玉树地震灾区捐款捐物超过 2000 万元;2010 年夏天吉林发生特大水灾,我们企业第一时间为灾民捐款 600 万元。

2010 年 7 月 29 日，康乃尔集团慰问抗洪官兵

为什么要这样做？一是有这个责任，二是感到自豪和快乐。心里放下、快乐了，事业才能红火。

真诚是无国界的武器

商场如战场，所以企业家通常有非常强势的一面——不强势则易处于博弈的下风。但我后来体会到，一味的强势并不高明，你必须学会运用真诚的力量。你强，有人比你更强，但如果你真诚，对方也会让步。

记得 2010 年春节前，经美国某公司介绍，我前往纽约和世界最大的某化工企业商谈一项重要的技术引进。一开始对方根本没把我们这家中国企业当回事，大概是出于对介绍人的尊重，才答应一见。而这种技术对康乃尔集团来说十分宝贵，是国内化工行业多年求之不得的。

果然不出所料，对方一见面就露出一副傲气的神情，直接问道："你了解我们吗？"我冷静地回答："我了解。你们去年的销售收入近千亿美金，我们康乃尔集团的销售收入是你们的零头。但我们康乃尔集团在中国的优势，你们是不具备的。你们的技术专利，在全世界范围内还有六七家企业拥有，但康乃尔集团在苯胺行业是中国最大的制造销售商，如果您放弃和我合作，我们也会和别人合作。三年后我们的产品一旦出来，你们不仅可能丢掉中国市场，还可能丢掉亚洲市场。"

　　显然，我的不卑不亢立刻引起了对方的兴趣。这一点和我的做事风格多少有些改变有很大关系。我以前在任何场合都喜欢强势出击，从不愿意示弱，但这次面对美国人我调整了策略。美国人的态度并不出乎我的意料，但我坚持认为，他们并不了解中国，更不了解我们的潜力。我希望他们能到中国来亲眼看一看。双方在友好的气氛中谈到近晚饭时分，我决定进一步加温。我从桌前站起来对他们说："今天很抱歉占用了你们一天的时间，我知道你们的时间很宝贵，不管我们的合作最后能否达成，我都很感恩。"说完，我向他们深深鞠了一躬。我这是运用了在思八达的课堂上，刘一秒老师告诉我们"拜"的杀伤力。刘老师还说，当你的目的还没有达到时，你要继续"造场"。这几个美国人没想到我会鞠躬，他们赶紧站起来，有些不知所措。接着，我放慢语速说："我还有一个心愿，按照中国人的习惯，初次见面，我要请大家晚上一起用餐，希望你们能给我一个机会。"

　　美国人见此情景，痛快地答应了我的请求，并把回程的机票改到第二天早上，我的计划又向前推进了一步。晚饭中大家感情有所升温，但离达成我此行的目的尚远。我听说他们对品红酒很感兴趣，所以我决定再次"造场"。我提议和对方两个最关键的人一起去纽约第五大道品红酒，并告诉他们我可是这方面的专家。他们听了很吃惊，我们就一起来到了酒吧。我先嘱咐我的助理如果我喝多了，他该做好哪些必要的事情，然后开始与美国人开怀畅饮。几个小时后，我们三个人喝光了七瓶红酒，大家都有些醉意，我决定恰到好处地结束。

宋治平代表吉林和内蒙合作项目签约

从酒吧出来，纽约的夜空飘着大雪，不知何时，道路两边的积雪已堆了半人高，等了半天还是打不着出租车。此时的我意识很清醒，决心继续"造场"。我再次提议大家步行回宾馆，因为雪中漫步在纽约的大道上是一件多么快乐的事情。美国人纷纷响应。于是我一手挽着一个高大的美国客人，摇摇晃晃，就着酒意，情不自禁地唱起中国歌曲，他俩也唱起美国歌，我们双方谁也听不懂谁在唱什么，但都很快乐。就这样，我们浑然一体，我们不再是谈判桌上的对手，而是在享受着情感上的共鸣。半个小时后，我们从第五大道的酒吧一直步行到第十一大道的宾馆，边走边唱。第三天，美国方面告诉我他们很快会来上海，进一步商谈双方具体合作事项。半个月后，我带领公司高层在上海如约见面，谈判算是顺利，项目也在进行中。

　　我想真正给美国人留下深刻印象的，不仅是一个充满活力、蓬勃发展的东方大国，还有一个充满快乐和魅力的东方女性，以及一家懂得商业礼仪、雄心勃勃、不可小觑的中国民营企业。

　　在残酷的商场上，我喜欢扮演征服者的角色，不达目的誓不罢休，但有时候的孤独却少有人能体会。记得那次在纽约与美国人分别后，为了赶上思八达春节在夏威夷的课程，我大年二十九那天飞抵夏威夷，一个人在海边等了三天。面对风景如画的蓝天白云大海，我毫无欣赏之心，我想起家里人都在等着我，每一分钟对我来说都是煎熬。突然间，一种无法形容的孤独、寂寞和无奈笼罩着我，我感到失落和纠结。实际上，这种失落在我的创业生涯中不知出现过多少回。我曾经多少次一个人漫步在异国街头，多少次品味航班延误滞留机场的孤独，这时候我就想，人能够有一个集体和团队是多么快乐。

经营好你的事业与家庭

　　在这里，我要对女性创业朋友好好说几句话。我觉得一个女人事业成功了，而家庭破裂了，那是一种失败；光有好的家庭，没有事业，也有一种缺憾。当然，把这两方面都做好是很难的。在职场上拼搏的女人烦恼更多一些，总要遇到这样或那样的波折，像今天高兴、明天悲伤这种情况屡有发生。说得更直接一些，作为创业女性，她既要担负家庭责任，也要担负企业的责任和社会责任。

　　我经常在想，企业就像是在大海中航行的轮船，而站在甲板上的那些人就是企业家。每次海啸过后，船上的人都会少一些。作为女人、作为女性创业者，我也有恐惧，真想躲在男人们身后不被海浪卷走，但男人们也要面对风浪，面对被卷走的危险。我既然已经站在了甲板上，就要意志坚定、顽强拼搏，主动去承受一些压力。回家以后,不管心情好与不好,我都不能把怨气发在丈夫和孩子身上。孩子一天看不见妈妈,回来以后很希望妈妈好好陪陪他。另外,我也要真诚感谢我们家另一半对我的鼎力支持。我的遗憾就是把自己的时间都交给了事业和家庭,没有给自己留时间。

> 有时候我们要冷静地问问自己,我们追求的是什么,我们活着是为了什么。
>
> ——思八达观点

不管是女性创业者,还是女教师、女医生、女官员,都一样需要承受力,女人比男人更难。一个男企业家白天很累,回家以后可以说我生气了,不高兴了,你别理我,但是女人不行。女人回家以后,必须转换心情和角色。有时候我也很累,想躺在床上休息,但不可能,家庭由你和丈夫撑着,上有老下有小,很不容易。所以说,女人要想把家庭和事业的关系处理好是相当难的。

我已经踏上了创业这条路,应该说没有回头的机会了,必须走下去。我觉得女人如果适合创业,或适合进入职场,就要勇敢地尝试,不做事的话会衰老得更快。

所有的创业者都会遇到家庭的问题,这里我所说的家庭不仅是指小家,也包括双方的家族。这些年来,我非常注意保护自己的家庭。很多人创业一开始都是做家族企业,这是不可避免的,亲人的契约成本最低。开个夫妻店,这边兄弟姐妹,那边小姑子、小姨子、小叔子一起上,共同构成一个创业大家庭。但干到一定程度就必然会出现问题,比如这企业到底是谁的,应该由谁的孩子来继承,哥哥干完了是弟弟继承,还是儿子继承。这些问题在创业之初没人想过,但如果处理得不好,常常会因为利益、股份以及今后的财产分配造成亲人间很大的隔阂,有的甚至反目成仇,亲情没有了,血缘变成绝缘。

如果让我来建议的话,从长计议,开始创业最好不是做夫妻店,最好不要用你的兄弟姐妹,而是自己去找合作伙伴。合作伙伴可以流动,亲人不能流动。亲人有亲人的好处,当大家有一碗饭分着吃的时候,感情特别好。但当有一火车饭分着吃的时候,一旦有人心里不平衡,问题就来了。除非家族内部的股权结构很清晰,权利和义务有明确的规定,相当于有家规,否则遗患无穷。

家庭关系中最难处理的是夫妻关系。如果创业是男人主导,女人当绿叶,问题相对简单,只要男人注重家庭,女人一直跟着就行;但如果是女人主导,男人当绿叶,女人事业做大之后男人的心理就会不自觉发生变化。当然也有甘心当绿叶的男人,但现实中这种男人恐怕很少。任何一个男人都有男子汉情结,都看重自己的尊严,于是职业女性怎么把握事业和家庭的关系就是大学问。我不提倡女人做事业,男人也在你的企业里做事,应该尽可能扶持丈夫去新辟一片天地。

作为女儿、儿媳、妻子和母亲,我非常注意经营自己的家庭,几乎是像经营企业一样用心用力。回到家里,我会放下董事长的架子,换了个人似的,不会把企业里的沮丧和压力带回来丝毫,更不会把在企业中的权威带给丈夫、带给孩子。如果你这样做,孩子不接受,丈夫也会敬而远之。那么一个女人该怎么做呢?首先你要知道男人需要什么,这一点必须清楚。女人需要经济和感情上的安全感,需要独立活动的自由空间,需要爱抚,需要一个简单的拥抱,男人需要认可、崇拜和温柔。你要领着孩子去崇拜他的爸爸,可很多女强人一回家就忘了什么是温柔。男人如果在家庭里得不到认可、崇拜和温柔,就不愿意回家,不把家当成一个暖巢。在生活中,男女双方做到相互满足对方的需求其实并不是很难的事情,主要表现在言语与行动上的细节。可道理虽然简单,很多人就是根本没想到这回事儿,稀里糊涂地过日子。

男人很在乎妻子对自己的父母好不好。这种好不是说你要拿出多少钱,而是你的心。凡是温暖和帮助男方家庭的事情,最好都由女人去做,因为女人不去做,男人也会偷着做。反过来,娘家的事情尽量让丈夫去做，让丈夫去送温暖，多跟你的家人接触，这样才能增进和牢固彼此的感情。可在现实中，很多夫妻都是相互背着对方做那些自认为该做的事。

我从结婚那天起就跟着公婆一起过，14 年后婆婆去世，公公去世前又瘫痪了 9 年。我是四个孩子的母亲，儿子是我亲生的，三个女儿是收养的孤儿。在儿子去美国念书以后，我和丈夫及三个女儿相互没有血缘关系，但这个家庭却很快乐地生活着。现在大女儿吉林大学毕业后，已经在医院工作，二女儿在上海师范大学上学，三女儿刚上高一。作为女人，我始终坚信，家庭和事业都是生命中不可分割的一部分，不能像坐跷跷板一样，升了这头，沉了那头。总之，作为一个职业女性，不但要经营好自己的企业，更要经营好自己的家庭，让你的家人快乐，让你的员工富裕，让员工们得到更大的成就并实现梦想。让员工们快乐，让帮助你的人安全，并能承担更大的社会责任，这才是一个成功的企业家，这才是一个充满智慧、充满爱的职业女性。

宋治平与丈夫、三个女儿在一起

五项修炼之第二项

影响的智慧

"影响的智慧"是任何一个创业家都必须具备的,甚至是最根本的能力之一。影响不是空洞的说教,而是通过个人能量的有效释放,按照自己锁定的目标,最大限度地整合资源。未来的市场竞争将进入整合创新和平台搭建时代,你能够吸引多少资源,决定了你的事业半径有多大。

当我们慢慢进入宋治平的创业故事,不难感受到从她身上所散发出来的热量。她宛若一个火团,来到哪里,就温暖到哪里。也许是身为女性的缘故,她对外界的影响带有鲜明的性别色彩。她执著于爱,不吝于给予,每一个接触她的人都会被她"照亮"。这对于经营企业这样的由人所构成的组织来说,无疑是非常重要的。

一定意义上,产品或者某个行业只是你经营人生的媒介,核心还是经营人、影响人,让更多的人产生好感、印象与依赖。不管宋治平是在经营学校,还是从事贸易,或者是从事实业,她都是在经营人。小老板经营事,大老板经营人。一位企业家深有感触地说:企业的最佳产品是员工。你能够影响多少人,你事业的能量就有多大。

相比产品的有形经营,无形资源的经营更为重要。但凡成功的创业家无不是善用自己的方式影响周边乃至社会中的人,他时刻向外界输出理念以获取新的势能。他构建持续不断的影响力,主要包括以下几个方面:对自己的事业抱有绝对意义上的信念,并善于把自己的热情、价值观和意志传递给其他的人;为组织建立共同的愿景,懂得如何鼓舞人心,使全体员工能够凝聚在一起,为了一个共同的蓝图而奋斗；建立广泛的商业人脉，即通过自身的行为不间断地吸纳每一个日后可能在事业上帮助你的人；树立社会公众层面的影响力。需要强调的是，企业不仅是经济组织，同时也有社会公器的作用。

成功的创业家必须熟练掌握影响的智慧。为此，他必须洞察人性中的细微之处。宋治平在与人打交道时，非常注重方式方法的变化，会根据每个人不同的特点去做，无论是亲自当司机与朋友游历欧洲，还是在纽约与美国人谈判、交流，往往都能一击即中，效果斐然。

当然，从她的故事中，我们不难发现，影响的智慧还在于意志力。作为团队的领袖，你的一举一动都会影响员工的状态，因此在多次项目挫败、几欲寻死的凄惨情境下，经过快速的调整，出现在家人、员工面前的宋治平又恢复了她正常的模样，这无疑是她发挥影响力的重要保证。

作为企业的创立者，领袖具有天然的影响力，但更多的事实证明，仅靠权威树立的影响力并不牢靠。由于人性的弱点，很多创业家随着事业的扩大易坠入唯我独尊的陷阱，结果是组织分崩离析。影响力有正面的，也有负面的，创业家必须心怀他人，以身作则。

影响力并非一日就可形成，而是一个持续不断、经年累月的过程。归根结底，是否以一颗真爱之心走进世界，融入组织，决定了你的目标与愿景最终能否影响他人。

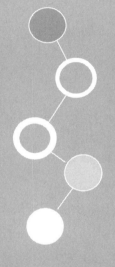

第三章

闫建国：重塑创业的DNA

闫建国

创业家素描

    如果不是选择了创业,闫建国或许会成为一个哲学家,至少也是个热爱哲学的积极分子。生于20世纪60年代末的他性格偏于内向,内心敏感,喜欢思考,曾经是一个"问题"不断的年轻人。与想象中的创业家有些不同,他在回顾创业经历时更喜欢谈论那些最根本的问题,比如生命的意义。

    闫建国的故事告诉我们,当你在创业途中遭遇坎坷的时候,如何运用内求的思维获得新生。

真正激发人兴趣的是他一路走来的心路历程。闫建国并不是那种情商很高的人,他的家庭条件很普通,父亲是铁路上的职工,农忙时要回家种田,母亲一直在家。但闫建国人生的每一步都很清晰,这都是他认真思索后的结果,或许这就是他独有的思维方式。他从一开始就明确了自己这辈子到底要过什么样的生活,他很早就清楚了自己是个什么样的人,自己需要什么,怎样去达到。他的成长逻辑没什么秘密:思考—目标—计划—行动。闫建国早年的创业并不顺利,甚至可以说是磕磕绊绊,但在每次挫折之后,他都会不断地反思、总结,尔后以更新的思想继续在寒风中奔跑。他喜欢阿甘,办公室里至今都挂着这位美国名人的画像。

如今的闫建国已日渐成熟,不再是那个创业之初对社会环境一无所知的愣小伙。他成了"宁夏十大经济年度人物"、"宁夏十大品牌战略策划家",梦想用自己的产品来改善国人的健康。

对闫建国来说,创业实际上是一种人生体验,无所谓忧伤和恐惧。一连串的失败教育了他,也使他在体验中一天天成长起来。他的故事的意义在于,一个普通人到底该如何在创业中自我成长。他所遇到的问题几乎是每个年轻创业家都会遇到的,但你可以成为自己最好的老师。

如今,闫建国的银川市金河乳业有限公司(以下简称金河)连年快速发展,全产业链的运作模式得到了政府和社会的广泛关注。他告诉我们,金河将步入一个全新的高科技发展时代,最终成为国际化、集团化的食品制造企业。

一定意义上,闫建国之所以能走到今天,是因为他有个好习惯——习惯于从人生的偶然中寻找必然的规律。正是因为养成了这种思维习惯,无论是失败还是成功,他的人生都开阔了起来。

创业智慧五项修炼

创业自述

活着，为什么

人有命运吗？你相信命运吗？命运能改变吗？我的答案是肯定的。而我命运的改变，其实是从一个简单的问题开始的。

19岁那年，我在校学习的一天，几个同学在聊天，其中一位多愁善感型的女同学突然问了一句："人为什么活着？"我记得很清楚，这个问题像一道闪电一样击中了我的心灵。是呀，我为什么活着呢？我的活与死有什么区别呢？我会死吗？我死了又会怎么样呢？这一连串的问题一下子把我击晕了。当时的感觉就像死了一样，一下掉进了冰窟窿。问同学同学很茫然，问老师老师说这不是问题，我很痛苦，那一段时间，就像行尸走肉。直到有一天看到拿破仑战败后在监狱里说的一句话："如果20年前，让我看到《孙子兵法》这本书，我可以改写欧洲历史。"太震撼了，一本书有这么大的能量，可以改变欧洲的历史？这让我对书刮目相看。什么是书？是前人的经历和经验的积累。一个人一生几十年的经历，最后高度总结成经验、结论，并写成文字留了下来就是书，经过几代人验证和颂扬的结论就是思想。进而联想，如果我能读懂、消化、吸收前人的经历和结论并把它变成自己的思维和意识，不就等于我有了同样的经历吗？不就等于我多经历了一个人生吗？这一想法让我非常兴奋，人类几千年来有太多的大师，他们肯定对人生的问题有自己的答案，对！让我去经历思想家的经历，去过他们的人生！我扔掉书包，在同学们惊异的目光中，跑进了图书馆。

这一钻进去就是两年。我带着问题，系统地看完了古今中外100多位思想家、政治家的个人传记，受益匪浅。我明白了，人是无形的，一个真正立起来的人必须有三根精神支柱：第一根就是为什么活着，第二根是什么是生活，第三根是什么是爱情。这几个问题没有标准答案，不同的答案，就会造就不同的人生，不同的人生就有不同的答案。

第一根支柱，为什么活着？对于"我为什么活着"，我得到确认的答案是：首先是为让自己活得更好而活着，这样的人生才有意思。其次是为别人活得更好而活着。这样的人生才有意义，才有价值。怎样才能让自己活得更好呢？必须爱自己。怎样才算爱自己呢？这个问题难住了我。难道是吃个脑满肠肥，喝掉几十吨啤酒，玩坏几十副麻将，生几十个小孩？难道是钱、车子、房子、别墅？难道是权力、地位、名誉？

我否定了自己一次次的答案，我发现这些并不是我终极想要的。我不断突破自我的设限，放开去想，最后有一个答案让我很兴奋，那就是"周游世界"。支撑这个答案的理由非常简单，来到世界短短几十年，如果连这个世界都不能看一遍，岂不是白活？必须了解这个世界，才算活过，才没有遗憾。这就成了我的第一个梦想——周游世界。一旦确定了自己的梦想，我发现突然之间自己就不一样了。有了清晰的方向，就像在黑夜中航行的船只突然看到了灯塔，人生有了光明，心就定了，从这一刻起，我在为这个梦想而努力。

那怎样才能让别人活得更好呢？

首先，这个别人是谁？我拿着"你为谁而活"这个问题去问身边的人，大部分的回答都是为了父母、孩子。我又去问书——前辈历史名人，答案让我吃惊，我发现：志向越远大的人，成就越大，影响力越大。周恩来的"为中华之崛起而读书"，毛泽东的"解放全人类"，一个为了中华民族，一个为了全人类，他们都是从小就树立了远大的志向。

我发现了一个秘密，你人生价值的大小，取决于你志向的大小。

那我呢？经过认真的衡量，我认为，我首先要让我的妻子和孩子活得更好，其次是让父母、爷爷奶奶活得更好，再次是兄弟姐妹等家族成员活得更好。然后是朋友、同学、员工、行业、家乡、国家、民族……对于让家族生活得更好，我当时非常有信心，这也是我创业前10年的动力源泉。其他方面我认为我没有那么大的能力，这也许是我现在没有走出西北的缘故吧！所以，你的能力，永远大不过你的志向，志向大了，能力才会变大。

确定了活着的意义和价值，我就像装了发动机，浑身有使不完的劲。因为我不再是一个独自的我，我的存在也不是只为我自己，我要为我的家族活着，我要改变他们的生活，让他们活得更好，他们需要我。怎样才能让家族过得更好呢？只有做成一件事。所以，这就是我的第二个梦想——做成一件事。

第二根支柱，什么是生活？我当时的答案是，生活是一个为目标而不断奋斗的过程，生活是一个过程，没有终点。因为这个观念，我前10年只在奋斗，不辞辛苦，毫无快乐可言，后来调整到"生活是一个享受快乐和幸福的过程"。有了这个观念之后，突然之间世界明朗起来，不管做什么、遇到什么都是乐趣，都是享受。我享受每时、每刻、每一秒的快乐，很美，活着真好。

第三根支柱，什么是爱情？对这个古老而又常新的话题，我的答案是"心与心碰出的火花"。为了这一火花，我等了20年，把身边的鲜花变成了泪花，也没出现持续的火花。直到20年后，我调整了这一观念，很快就找到了爱情。

有了明确的方向——梦想，有了强劲的动力——精神支柱，剩下的就是我该怎么走、我到底做什么、怎么做。这些在当时我都不知道，但有一点我是清楚的，那就是，我的命运由我决定，由我经营自己的人生，命运掌握在我的手中。我做我喜欢做的事，过我想要的生活,命运是可以改变的。那到底怎么做呢?我又回到了原点,问自己:我到底喜欢做什么?什么样的事能让我持续 10 年、20 年,还依然有热情呢?我把我当时能做的职业做了个排列,包括园艺师、农艺师、育种科学家、村长、县长、老板、企业家,同时我又对自己有什么优势做了排列。我发现自己不安分、有较强的内省能力、对人的悟性较高;这三个优势与经营管理,做老板、企业家相呼应,做企业应该是适合我的职业,因为它每天都是新的,可以与不同人打交道,可以认识人、影响人、帮助人,这便是能让我一生持续奋斗的能量源泉。把自己的优势发挥到极致,就是成功。人生战略就这样决定了下来。

那怎么干呢?我以天干、地支作为计时方法,以 3 年为一个单位,12 年作为一个周期,把人生分成三个周期:第一个阶段是学习、实习、创业过程;第二个 12 年是做成事业;第三个 12 年是总结、提升,帮助更多人。

到此,我的人生规划清晰地摆到了我的面前,同时,我的学业也结束了。我即将走出校门,进入社会,去经营我的战略人生。

现在看来,这段经历对我的人生起了至关重要的作用,是我能一直面对困难没有退缩的主要力量,也是我成功的主要秘诀。

一些人进步慢,在于向外求,而进步快的人就是向内求。当你向内求的时候,你会开始发现一个新世界,在那个世界里面,你会无限延伸,无限进步。为什么很多企业长不大?就像种树一样,无数创业家都一心往上长,从来不往下长,结果上面不断长,下面没有扎根,只会如水中浮萍。

——思八达观点

我体验到了基因的力量、灵魂的意志、精神的伟大。你是一棵小草还是一棵参天大树,是一只燕雀还是一只傲视苍穹的雄鹰,这不取决于环境,也不取决于你吸取的是什么,而是取决于你的基因。你有什么样的基因,你就是什么;你是什么,你必然就有什么样的基因。人和老鼠的基因只相差 1％，基因是由 DNA 的排序决定的，要想改变命运，只有重组 DNA，我成功地把本来是一棵树的基因，改变成了一只雄鹰的基因。我的同学中，很多就像一棵树一样，他的人生轨迹没有离开过他出生的县城。而改变了基因的我，只要假以时日，一定能自由飞翔。

所以我悟到，重组 DNA，锻造个人的魂魄，是创业家的第一项修炼，是 5％的创业成功者背后真正的秘密。

牛 刀 小 试

走出校门，进入社会，实习的三年计划开始了。经过努力和选择，我如愿地被分配到一家企业，在金属钠厂工作。在这里我开始了解企业和认识社会，我遇到的第一个问题是：什么是社会？学校难道不是社会吗？

对社会研究最透的是马克思，《资本论》的开篇写道：人与人之间社会关系的总和就是社会。这个结论对我启迪很大，让我一下看清了人与人是不一样的。社会中的人是分层级的，不同层级的人根本不同，你想在什么层级，就要与什么样的人在一起。你必须向社会学习，向社会中的高手学习，这也是刘一秒老师称的"红尘"，红尘就是社会，社会就是红尘。以红尘为师，在工厂我很快适应，成长飞速，一年后就能独立争取到当时非常难拿的火车皮。这标志着我成功进入了社会，会与人打交道，并能得到自己想要的结果。

时逢邓小平的"南方谈话"，市场经济与计划经济大讨论，结论出台，资本主义需要计划，社会主义需要市场。市场经济得到普遍认可，国家经济被送上了快车道。这一社会的巨大变革，让我看到市场经济必然在中国全面展开的大势所趋。我一边庆贺自己的战略人生符合了社会变迁，市场必定成功；同时，我也清醒地认识到，我创业的时机到了。当年年底，我主动向上级提出了辞职，当时，我是厂里第一个提出辞职的，引起了轰动，总经理不批。在安排好所有工作之后，我没要档案，毅然选择了创业。这一次的选择，家里人全部反对，但我认为市场迟进入不如早进入，越早进入机会越多，练习的空间大；越迟越没机会，越被动。如果是被动选择，就算做成了也是牺牲品，如果是主动选择，不成也是幸福。

抱着这样的信念，我开始了独自的创业之路。当时社会进入了经济高速发展时期，大搞建设。全国成了一个大工地，钢材价格一路上涨，建筑材料短缺，我的第一个项目便是关于建材方面的——生产仿瓷涂料，这是一项专利技术。这种涂料刷到墙上，手感像瓷器的表面一样光滑、洁净，非常舒服，这项材料在当时涂料全是大白粉的时代，无疑市场巨大。至于资金，我找到六个同学合作创业，一共集齐了4万元，我们一起买专利，学技术，定设备，建厂房，买原料，跑设计院，跑销售，这一段时间大家热情高涨，激情澎湃，经常干到半夜。拿到第一份合同后，我们热烈庆祝，但因施工队伍技术不熟练，刷得一块好、一块不好，最后只收回成本。我被打击了以后，就开始训练施工队伍，争取收回投资。在此期间，我拿到了一份保温材料的合同，有几万元利润，能快速收回投资，我又决定先生产保温材料，于是开始借钱买设备，买原料，进行生产，整个工程结束后，负债4万多元，这时包工头不给钱了。为了还债，我停止了所有的工程，开始要账，这一要就是两年，在此期间又用要回来的钱，生产了小型粉碎机，但因加工粗糙，卖出几台后便停产了，要回来的钱没有了，工作也没有了，朋友也没有了。至此我最初的创业尝试，以失败告终。

我在家待了两年。这两年时间里，我静下心来，总结到底怎么回事，为什么不成功。

通过深入的反省，我初步找到了几条创业的核心原则：一是做企业，钱不是第一位，人是最重要的；二是人的判断力和思维是最重要的核心；三是必须有市场；四是市场就是顾客的需求；五是内行赚钱，外行看门道，必须成为内行；六是必须选择受经济危机影响小的行业，我查过100多年的历史，受经济危机影响最小的行业是饮食业（如麦当劳、可口可乐）；七是不能选择一开始就会形成欠款的行业。

失败的原因找着了，但为什么我的判断决策不对呢？我当时决策时是怎么思考的呢？

重塑自我，凤凰涅槃

我又开始向内求，问自己要结果。我认为问题出在我自己身上，不能怪别人，那我什么地方错了呢？我从书中找来大量企业家帮忙，如"汽车大王福特"、"钢铁大王卡内基"、"拯救克莱斯勒汽车公司的艾柯卡"、"松下幸之助"等。我发现所有成功的企业家，都是经营自己的高手，要想创业成功，最重要的是经营人，经营自己。光有基因不行，还要锤炼自己，改变自己，我需要重塑自我。你想成就什么样的事，就必须是什么样的人，你是怎么样的人才能做成什么样的事。我想做什么样的人呢？我选了几个我欣赏的企业家作为榜样，从他们身上我选取了10个优秀的品质：坚强，正直，果断，自信，胸怀，爱心，智慧，主动积极，学习，创新。我把这10条写在床头，每天起床后，都要大声念："我是一个坚强的人，我是一个正直的人……"睡觉前我都要反省今天的行为是否做到了以上10条。不仅如此，我又给自己针对每一条提出了具体行动方案。如果断，遇到需要作决断的事，我要求自己在三分钟内作出决策。如怎样才算是坚强的人，我给自己提出标准，每天早上跑步1000米，坚持三年，做到了就算是坚强的人，有一天做不到，就不是坚强的人，一个不坚强的人做不了企业家。每当遇到刮风、下雨、下雪天，我的内心就开始激烈地斗争，跑还是不跑？但一想到如果一天不起来跑，自己就是一个不坚强的人，就等于放弃了自己的人生，我立刻咬牙起床去行动，三年我做到了！

那一刻，我激动万分。我能做到，我能控制自己，我能掌控我的命运。我完全自信了，我相信只要是我想做的事，就一定能做成，我设立的目标一定能实现。我的内心变得强大无比，我感觉我能经受任何狂风暴雨，那一刻感觉真好。那时我 26 岁，这是我人生第二次重要的成长。

你要成长，就必须去经历，没有失败的人生并不完美，也不值得羡慕，只有挫折才能激发你的潜能。这段自我成长的经历其实就像孵小鸡，到了一定的时候，小鸡必须自己奋力啄开蛋壳，这才是真正的人生。如果靠外力敲破蛋壳，出来的小鸡反而软弱，小鸡要自己出来才强壮。

这三年的经历对我来说真是冰火两重天。从激情创业到连续惨败，到痛不欲生，到窒息，我体验到心灵之火的熄灭，我的灵魂在发出呻吟，并在烈火中煎熬着、翻滚着、呐喊着。慢慢地有一道金光从灵魂深处射了出来，越来越亮，越来越红，最后金光闪闪，光芒四射。我有种重生的感觉，这和被确认的感觉越来越真实，越来越强烈。当我跑完最后 1000 米时，我彻底解脱。我变成了一个全新的我，一个拥有强大心态的我，一个有坚定信念的我，一个喜迎狂风暴雨的我，一个淡定从容的我。从此我把一切失败、挫折、困难都视为正常，再没有失败一说，我的信念里只有快乐、成功。

这种从粉碎到重生的过程我用了三年多时间。从此以后，再遇到痛苦、失败，我就用这种体验，迅速把负能量转变成让我更加强大的正能量，不断重生，越来越强大。在中国神话里，凤凰是一种神鸟,不会死亡,每当遇到重大危险和生命垂危时,都会投身烈火,在烈火中重生,重生一次强大一次。这叫凤凰涅槃,浴火重生。我体验到了这种感觉,我相信所有高手都是这样炼出来的,在意识世界里凤凰是存在的,凤凰涅槃就是高手修炼到一定境界后能量裂变的过程。我有一种很神圣的感觉,好像有一种把命运扳倒在地的感觉,我就是凤凰,命运之神去死吧!我可以改变自己,掌握命运。我获救了,我还拥有了我的世界,我的神!

> 什么叫意志力?就是自我引导的精神力量。一个会自我引导的人已经成熟,意味着可以自己造血。一个能自我引导的人,可以随时随地一日千里,波澜壮阔。所以最伟大的老师,永远是你自己。
>
> ——思八达观点

"白雪公主"降生

企业生存的根本是什么?凭什么一个企业可以从小长大?重生后的我有了灵魂,找到了精神世界,但我的事业还是一切都是零。我该怎么办呢?这次我决定先搞清企业生存的根本是什么,一个企业凭什么可以从小长大。要动手创业只有进入商场,进入红尘,才能解决问题。

1996年,一个朋友邀请我前去帮忙,我进入了当时银川市的商业中心——商城,策划经营一个露天茶座。在没有茶楼、咖啡厅的当时,茶座一开业就生意火爆。在经营的过程中,我发现了一个奇怪的现象,有一些顾客每天都要喝好几瓶瓷瓶酸奶,尤其是中年女士,我就问她们"怎么总要喝酸奶",她们回答说:"上瘾了。"这句话引起了我极大的兴趣。有机会我就问顾客喝酸奶的原因,结果吓我一跳,有"喝上瘾"这种感觉的人非常多,每天都能碰到几十个。酸奶为什么会有让人上瘾的魔力呢?这与顾客需要有什么关系呢?

这是否就是我要找的答案呢？

我立刻开始行动,用了六个月的时间,查阅了大量国内外的,尤其是国外的科技文献,了解了酸奶的起源、功能、做法、品种、发展情况。结果让我大开眼界,原来酸奶是一种优秀的食品,被联合国称为"21 世纪人类最接近完美的食品",是 20 世纪初俄国的生物学家梅契尼柯夫在巴尔干半岛解开长寿之谜时发现的一种食物。他在其中发现了乳酸菌,并认为这是保加利亚地区居民长寿的重要原因。

大量医学论文还证明,酸奶还有七大保健功能:一是预防乳腺癌;二是改善胃肠环境,治疗慢性胃痛;三是调节心脏功能;四是有效治疗便秘;五是保肝降血压;六是抗肿瘤预防癌症;七是提高免疫力。这哪是食品,这简直是保健品,对人体健康大有好处。我一下爱上了酸奶,通过研究后得出了三个结论:一是市场需求空白。这么好的东西,真正知道的人没有几个,在顾客的心中这是个空白,但从国外的普及程度可以预见,用不了几年,这种食品一定会在国内大受欢迎,成为人们的日常食品。它能满足人们健康的需求,同时,酸奶是由多种乳酸菌发酵而成的,与豆腐乳、酸菜的制作原理有异曲同工之妙。因在发酵过程中能产生大量的天然香味物质,这些物质有触动味蕾的作用,经常食月,味蕾就会形成反应,一见就会分泌口水,这就是喝酸奶会"上瘾"的秘密了。二是技术空白。国外对酸奶菌种的开发和研究已有近 200 年的历史,而当时的国内还停留在从自然界直接分离的阶段,直接引进就能提前几十年。三是品种空白。国外的酸奶有几百个品种,国内除了瓷瓶装的传统酸奶外,基本没有其他品种。

通过调研分析后,我意识到,酸奶可能就是自己朝思暮想的事业。有市场需求,而且还是深层次的广阔的需求,同时又能全部满足我总结出的创业原则:是饮料又是食品,基本不会受到经济危机的影响;保质期短,不会压货,形不成欠款。我认为我有做事业的判断力和思维,就看我能不能用最少的钱干成这件事。我决定一试，有前几次失败的经历，这一次我打算采用逆向思维，先做市场，再建工厂。

当时我在经营银川最大的冷饮摊点，利用这个平台，我跟所有卖冷饮的老板都成了朋友。把这个市场建立好后，我在银川郊区承包了一家倒闭的畜牧研究所酸奶厂，请了一名技术人员，交了2000元押金，花了1000元打扫卫生，用1000元去刻包装纸，采用彩色的蜡纸包装酸奶，很漂亮，还有个漂亮的名字——"白雪公主"。等酸奶生产出来的时候已进入冬季，我决定淡季做市场，夏季做销量。那时候商场里已经有茶座了，还是有很多人固定来买酸奶，说医生给病人开的药方里就有酸奶。我反向思考，谁说冬天就不能喝酸奶呢？于是就开始坚持做。结果冬天就我们一家工厂在生产，同行都不生产了，所有的摊点老板都成了我的朋友，没想到经营情况还可以。以前银川有三家做酸奶的，我是第四家。我通过一个冬天占据了市场核心，垄断了市场，竞争对手进不来了。来年天气转暖，从三月份开始，我们就忙得不亦乐乎。一箱24瓷瓶，一天销售100～300箱，白花花的现金就这样流了进来。

1996年，"白雪公主"酸奶一炮而红，闫建国踌躇满志

做酸奶一开始很顺，但我却没想过商业环境的不确定性，很快就被上了一课。我们那时候没有与行政职能部门打交道的经验，也忽略了竞争对手，还很幼稚。

就在我们占领了市场、生意越来越红火、产品销售最旺的时候，竞争对手开始搞小动作了。我记得很清楚那是"六一"儿童节，中午时分，我们都在外面忙市场，职能部门来了人，带着记者和摄像机，拍到锅炉房有蜡纸被风吹乱的镜头，而且还拍到车间里有两只苍蝇，于是说产品有致病菌，前来调查的质检站的人说这种病菌进入人体可致死，随后当地电视台就曝光了这个消息。两天之内工厂全部停产，货全部退了回来，欠款也要不回来，工厂倒闭了。虽然之前赚了 4 万多元，但我已投入冷库等设备采购中，没有了流动资金。我又欠了农民 2 万元奶款，当时有一屁股来追债的农民，农民要债粗鲁得很，真是有种很悲惨的感觉。这对我的打击倒是其次，我有过失败的经验，关键是这件事情以后怎么办。

我首先想到的是跌倒了再爬起来，于是到处借款去还债，宁可自己受苦也不能让跟随你的合作伙伴对自己失去信心。当时只能把产品换个名字，重新做销售，但没做起来，感觉没出路。

经过这次失败后，我总结出两点：第一，企业不是活在真空里，必须处理好与社会的关系；第二，必须关注竞争对手。对一件事情你要么满意，要么不满意，只有不满意才有改变的动力。对一件事情不满意的时候基本上有三种可能的态度：第一种是不停地抱怨，不做任何行动；第二种是"道不同不相为谋"，你不理它，尽量远离它；第三种是你不是被动接受而是主动改变它，希望把它变成令你更加满意的东西。

第三种是比较积极的方式。你把自己所在的世界当做一个更小的东西改变它，把它变成你更希望变成的东西。

卷土再来：创新是逼出来的

"白雪公主"夭折以后，我在家"宅"了3个月。在1997年国庆节事业的低谷期间，有朋友找我一起做热饮，我答应了。通过自己的专业能力和思索，还拆了家里好几台电器，终于改造成热饮机，可以几秒钟瞬间加热，可控制温度，品种有果味奶、果汁等。我们学习了调制性饮料的做法，到各个商场调研，仿制出最受顾客欢迎品味的饮料投入市场，结果生意非常好。国庆五天，每天利润600元，我一下就有信心了。不但还了债，还多赚了两万元。

每次当我失败的时候，总有机缘巧合的事情让我重建信心。手里有了点钱后，我马上决定再做酸奶。

经过上次失败之后，我不想再做和别人一样的酸奶。创新往往是逼出来的。我开始思考如何做出一种既可以迅速普及，又可以满足消费者需求的产品。原来的瓶装酸奶不方便，包装笨重，口味单一。当时宁夏市场上已有一种从内蒙古引进的小塑料袋包装的乳酸饮料，很受欢迎，我就准备做这个。这次我的市场思路比较成熟了，完全是按照自己对市场的理解重新设计一个产品。

但市场目标对象是谁呢？谁是我的顾客？我当时觉得成人不行，难度大，也没那么多钱做广告。我通过跟冷饮店老板打交道，尤其是对学校门口店铺的观察，发现中小学生喜欢买零食饮料，决定顾客就是他们了。当时"娃哈哈"的小瓶果味奶已经畅销，本地没有生产的厂家，我决定走类似的路子，而且我的产品是纯牛奶做的，这让我更有信心。我认为针对小孩子的饮料，只讲营养不行，"好喝"是关键，不然有营养也没用。我的思维是研究人，研究怎么让他流口水。我给自己设定目标，必须达到40％的回头率才能证明产品是成功的。一定要让顾客上瘾是我的原则,这来源于我对客户需求的多年揣摩。

这回我下了很大工夫。定下儿童酸奶的目标后,我用了 10 个月时间研发,先后有六次重大的配方修改。当你相信一切皆可以为我所用时,周围的所有信息都变成了资源。那段时间我拜访了北京生物研究所、瑞士人实验的乳品厂、上海专家等,研究了酸奶的配方结构、保质期、菌种,一个一个问题去解决。

我始终坚持一点:酸奶能打动儿童最重要的一点就是口感,必须好喝,必须让他们流口水。比如当时的香精是单体香味的,要么香蕉味,要么苹果味,没什么新奇,我就开发了复合味的。小孩子从来没喝过这种口味,而且觉得特别好喝。那么怎么让他上瘾,如何能触动味蕾?我仔细分解过这个过程:第一口就是第一感觉,一定要让消费者感到新奇、没喝过,一下子让消费者记住;第二阶段喝到嘴里之后,味觉要丰富、饱满、可口;第三阶段喝完后,要留有余香,回味无穷。按照这个"酸奶三段论",也就是顾客味觉体验理论,我们不分日夜地调试。

工夫不负有心人,别人专家团队几年时间研究出来的配方,我和 10 个人的团队 10 个月就做到了。对口味有了自信后,我们选择了十几个试验点,有的是白送产品,然后蹲在超市半天,统计回头率。回头率很难统计,要记住小孩的模样,然后再有针对性地去问。同时还要进行颜色调查,即什么颜色的包装最受他们欢迎。经过一个星期的调查我们发现,金黄色购买的人最多,让人最有食欲。

此外,每次下班,我们都把酸奶样品放到不同工厂门口的冷饮店门口让顾客品尝,有些顾客回家没一会儿就回头来买。我们仔细观察客户群,比如一些妇女,吃了一袋觉得好,再买几袋回家给小孩吃;还有人品尝后走到门口又回来买,因为这味道已经打动他了,他还想吃……经过持续的验证，我们确认产品有40％市场回头率的把握，意味着我们可以大干一番了。

金河问世，一炮打响

到1998年3月，我已经重新规划好了产品。这回我很有信心，感觉一定能成功，只要给我一个接触客户的机会，我就一定能把他征服。

产品有了，还需要有好的包装。首先是起名字，原则是要有内涵，我们企业要传承什么，要给消费者带来什么，而且产品必须与健康有关系。当时有个报道触目惊心，说是日本通过三年的学生奶计划，身高比中国孩子高了两厘米，有人大代表在两会上提交了加强民族体质的议案，所以我觉得做儿童奶于国于民都是一件非常有意义的事情。后来为什么叫金河？出于几个原因：一是和黄河有关。黄河是我们的母亲河，有亲切感。二是必须和我有关系，尤其是我的个性，我比较坚强、执著，不放弃，百折不挠。三是要给员工追求财富实现人生的信心，我要帮助员工和更多的人生活富裕起来。想来想去，还是觉得黄河最有代表性，最富有拼搏精神。于是我们的新产品就叫"金河"，也寓意着财富源源不断。宁夏有银川，我们搞个金河，有金也有银，顺口好记，也有美好的联想。

正当我们信心十足地准备打市场时，新的问题出现了。当时银川已经出现了几家做小袋酸奶的厂家，其中一家已经占领了低端市场，我们的渠道被封锁了。而且，这种小产品一般也进不了大商场。

就在这时，我注意到一个有趣的现象，银川有个大超市生意很

> 经营企业就是经营印象，顾客买东西就是凭印象，在商场上，你给别人的印象代表你的全部。
>
> ——思八达观点

好,顾客经常要排队购物。为了搞清楚里面的名堂,我整整六天泡在里面,一直在思考这个超市要排队的原因。通过观察我明白了,超市是用批发的价格出售零售的产品,还保证没假货。那时候假货泛滥,人们更愿意相信超市。

金河果味酸奶畅销

我觉得我们新开发出的酸奶可以进入超市,于是重新强化了包装质量,使其干净有档次,而不是地摊货。另外把酸奶搞成批发装,10包一大袋,便于一次性购买。我找到超市经理,真诚地请他给我们一个机会。我说:第一,我们是当地人,创业很不容易。第二,只要给一次机会试试,卖不掉不要钱都行。超市经理听我讲了一个多小时,说:"好吧,你去试一下吧。"我们给超市20%的毛利。

我非常兴奋,第二天一早和妹妹骑着三轮车,踩了一个多小时把货送到超市。刚到家还没来得及擦汗呼机响了,我赶紧打电话过去,超市说货卖光了,让我们赶紧送货。这一天真是个好日子。

从那个电话开始,我们的新产品就一直畅销,供不应求,超市经常出现排队购买金河酸奶的场面,金河酸奶就这样敲开了新华百货、购物中心、华联商厦等多家大型商场、超市的大门。"小包装革命"首次将乳制品打入超市，延伸了小包装饮品的市场领域。超市经理很快提出要独家包销，我们决定让利给对方 10 个点。这种合作双赢的思路，对于早期产品的一炮而红是起决定性作用的。

但我也提出了自己的要求。我说超市结账速度太慢，能不能先借给我们点钱，我要更新设备。超市经理觉得我是个信得过的人，也就爽快地答应了。有了资金，我们迅速扩大生产。超市和我们都尝到了新商业模式的甜头。一旦摸准消费者需求之后，回报是超出你的想象的，这是一个很关键的过程。曾经为了找到这个需求点，我煞费苦心。整个过程中，我们基本没做广告。

就这样，金河快速成长起来。当时的核心产品是学生奶，一直到现在它还是金河的拳头产品。那年我 29 岁。回想创业以来，一路跌跌撞撞，磨难不断，不过付出终有回报。到年底掐指一算，居然赚了 50 万元。从这个时候开始，我们走上了正规化经营的道路。

独特的经营之道

金河进入轨道的第二年，我结识了生命中的一位良师益友，他就是思八达机构的创始人刘一秒先生。我们一见如故，彻夜交谈各自对人和生命的看法。那是一段难忘的时光，甚至影响了彼此后来的人生。我们都坚定了各自的信念，他一生奉献于智慧，而我坚定了做健康产业的想法。

不仅如此，这时候的我已经在精神上开始触摸到经营的天道、师道和人道。顾客就是我们的天。秉承以顾客为中心的理念，我们举办了很多加强消费者认知度、美誉度和忠诚度的活动，如大型免费品尝活动、赞助心连心艺术团到宁夏演出等，同时在产品的新鲜度管理、终端陈列形象方面都下了很大工夫。

师道方面，我们重奖第一，优秀员工直接奖励股份，通过内部股份制的改革启动了企业机制的转变。原来的金河也是家族企业，刚开始是我带着妹妹干，后来全家族都在干，只给了大家基本工资。企业有一定规模以后，我实行了股份改革，首先是将股份分给大家。第一年一共 50 万，5 万一份分给大家。为了解决家族企业成员能力不足的问题，我另设了 10% 的股份作为家族共有股份，放在我母亲那里。如果你能力不行，你必须退出，但给你留有 10% 的股份。这样就把所有人的积极性调动了起来，然后通过他们再去吸引外面的人。通过这次体制改革，分了 55% 股份出去。

人道方面，我一直有很深的感触，也走过一段弯路。我曾经引进过高级管理人才，但一段时间下来，我发现在思维方式上我们有本质的不同，我习惯于结果思维、速度思维、内求思维。我不喜欢就管理而谈管理，并且我逐渐深刻地体会到，经营企业的核心在于经营人，产品只是媒介。

这里讲一件小事。1998 年的一天，一夜之间我们所有的生产设备不翼而飞。一查才知道，我们有一个生产班长，原来是蹬三轮车的，招进来后干活特别卖力，后来他看到厂里的生意很好就起了歪念，想自己干挣大钱，结果把厂里全部家当一个不剩地全拉走，连大锅炉都拉跑了。他把设备偷偷拉到老家，连怀孕七个月的老婆都不要了。后来我们报案，通缉他。他老婆都不知道这个事，因为孩子快生了，我们还得花钱把她送回家。有意思的是，几年以后我们建新厂的时候，这个人又把设备偷偷送了回来。

这件事对我们打击很大。厂里空空如也，但你找准了市场，市场就会救你。我马上找到销售设备的人，提出赊两台设备，分期付款，我先付仅有的 1000 元。我一直给他讲自己做酸奶的想法和愿景，另外还承诺以后会主动帮他推销设备。没想到他居然同意了，给了我价值 26000 元的两台设备。这使我体会到了，做事要对别人有帮助，通过把自己的价值放到对方的需求上来增加自己的附加值，把自己的优势完全体现在交易合作成本上。而我的优势就是敏锐的市场需求把握能力。

通过这一次的危机处理，企业才又慢慢走上正轨，然后我们去开拓兰州市场。在兰州，我们卖了个独家代理权，收了 8 万元，这笔钱对我起步非常重要。但设备被拉跑也引起了我在企业管理方面的思考。那时候金河成长很快，企业里很快就有几百人。但酸奶行业和其他行业很不一样，季节性很强，夏天忙不过来，冬天没事干。于是我把一年按照季节分成四个阶段：春天做准备，做市场；夏天集中精力做销量；秋天收缩，做研发；冬天储备企业能量，抓培训，练内功。一开始我们是被动的，到淡季就要减人，后来是主动的。我创业的最大不安是，突然有一天没了顾客怎么办。我们非常担心这个问题，再者就是成本。因为冬天企业会亏损，这让我很郁闷，于是就减人，减薪，减到不亏为止。

通过这个过程，我发现企业必须新陈代谢，树茂了要落叶，只有这样才有活力。

思维改变一切

事实上，尽管我们立志在奶产品行业闯出一片天地，但从 2004 年到 2008 年，整个行业的大环境云谲波诡，异常险峻。先是 2004 年的安徽阜阳问题奶事件，随后的 2008 年，河北三鹿三聚氰胺奶粉事件爆发，国内奶业开始重新洗牌。为了抢占市场份额，蒙牛、伊利两家公司在内蒙古收购原奶的价格是每公斤 2 元多，到宁夏就提高到了 3 元。宁夏本土乳业公司的奶源压力越来越大，再加上蒙牛、伊利低价倾销成品，抢占市场，本土乳业公司生存非常困难。

形势迫使我们不得不想办法突围。首先是走出宁夏，突破地域的局限，到西安、太原、成都、郑州去发展经销商，但都失败了，原因是产品保鲜期短，运输损失大，口感无法得到保证，产品优势没了；最大的难点是人才突破难，派去的人驾驭不了当地的经销商。2008年、2009年原料价格猛涨，成品又卖不出去，导致我们连续亏损，最高时一年亏了800多万元，金河又到了生死关头。

同时，企业战略也出现了问题。原来的高管团队显然已无法适应新的形势，一夜之间，我撤换了全部人员。另外，当年我们还花重金请了国内一家著名的管理咨询公司，但他们的长项不是战略，而是管理方法，按照他们的建议，我们反而丢掉了原先的竞争优势，和伊利、蒙牛拼奶制品的保鲜时间，拼大规模经营，后果可想而知。我们还请来知名的营销公司做顾问，结果仍无改观。

后来我深刻地意识到，绩效不是管理出来的，必须从根本上转换经营的思维方式。

为了寻觅问题的最终解决之道，我踏上了全球考察的旅程。在欧洲、美洲、澳洲等全球奶制品最发达地区，我了解到国外的奶产品形态早已发生了革命性的变化，固体奶酪占到80%的比例，而且被认为是顶级的食品，10斤奶才能出1斤奶酪。由此可见，奶产品的深加工空间无限。

放眼宁夏，我们脚下的这片土地有着天然的资源优势，地理纬度刚好在地球最佳的畜牧带上，水土资源好，饲草丰富，牧草的碱性大，牛奶有独特的奶香，且养殖基础好，非常适宜规模养殖，饲养水平在全国也是比较高的。问题是这些资源一直没有得到很好的产业整合，一边捆着草，一边饿着牛。随着考察的深入，我越来越看清楚了企业的未来之路——再继续做酸奶出路有限，很难做大，"浅水里养不出大鱼"，被同行模仿也太快。我们要向奶产品的高端市场进军。

有了这个想法后，我就重点去美国考察，想找人合资生产奶酪这种高附加值的产品，然后乳清做小牛饲料。协议就要签了，美国方面突然出现了出口食品安全问题，合作只能停下来。

既然奶酪做不了，那能不能做其他的食品原料？美国人说可以。我请来中国农业科学院的专家，结合市场需求，经团队研究发现牛奶蛋白粉可以做。在美国，蛋白粉作为一种"运动食品"已经风行了近 10 年，符合最严格的食品安全标准，而且品种很多，市场需求成长很快，多年在美国国内还是个蓝海市场。

我听了很兴奋，觉得中国更需要高蛋白粉。现在中国很多人有钱了，富裕者约占人口的 10% 也就是 1 亿多人，比整个欧洲的人口都多，这是外国人无法想象的巨大的市场需求。但中国人饮食营养不均衡，国外专家说，最好的蛋白质是奶里的蛋白质。我判断随着富起来的中国人对健康的需求，蛋白粉市场必然会热起来。回国后我们重新做调研，找专家验证，证

> 为什么我们会走这条路，是因为我们触摸、体验到了一件事情，整个世界是一个地球村，正处于千年一遇的变革中。在固定的时代，企业家学一套固定的模式就可以，但在变化的时代，企业家要学的不是固定的模式，而是要学会随机应变。很多人的困惑就在于原来的思维体系没有打破就进入新的时代，所以茫然不知往哪里走。
>
> ——思八达观点

明这一趋势是对的，于是我们领导层就定下了做蛋白粉的战略。接下来就是考察生产、技术，我们跑了荷兰、丹麦、澳大利亚、瑞典等国，专门找了咨询公司做行业分析报告。市场研究结果更加坚定了我们的信心。

从早期的酸奶到今天的蛋白粉战略，我们走过了一段异常艰辛的道路，其实也是一个引爆思维的过程。这个过程虽然不乏痛苦，但我始终相信人的智慧是无穷的，就看你是否懂得去开发它。

金河与美国 MSC 达成"蛋白粉战略合作"

　　创业的道路上,永远有层出不穷的困难,但请相信,思维方式的改变能战胜任何暂时的困难。

打通产业链,平台为王

　　当我将目光投向全世界乳品行业的大视野时,经营理念也随之发生了变化。过去我们的思维比较单一,只想着如何做好产品、做大销售,现在我一改以前的做法,对奶业的产业链产生了浓厚的研究兴趣。简单地说,我决定用一体化的整合思维打造一个超级产业平台,将一切资源为我所用,这就要求我们必须将行业的上下游产业链真正打通,实现做平台,而不仅仅是做产品。

　　众所周知,国内乳品行业产业链的整合一直缺乏良好的示范,而我在丹麦看到的却是另一番景象。在这个美丽的国家,我们深入走访了行业专家、奶农和大企业，重点向他们请教如何进行市场细分，如何进行产业链打造，以及如何处理与农民的关系。实际上，他们与农民的关系也曾起起伏伏，最后通过把农民变成股东，进行利益的二次分配、三次分配，把公司完全变成了牧场主所有。经过了200多年的历程，全丹麦只有一个乳业公司叫阿拉福兹，已经发展得非常成熟。这下我的困惑没了，心里有底了。

之前我们和奶农的合作方式是很简单的模式，常常不是奶不好，就是人跑了。如果奶制品上游不稳定，奶业采购质量也就上不去。奶牛养殖好像形成了一个跳不出去的怪圈：奶不够时，奶农就多养牛，奶多了消化不了就杀牛，反反复复，对奶农伤害很大。经过半年时间的摸索，我们把产业链梳理得更清楚了，作为一个利益共同体，每个环节都大有文章可做。这条产业链能否真正打通，是下一个10年金河突出重围、做大做强的关键。

我们的想法是，让加工厂与牧场互为股东，并将土地资源也纳入产业链。这时候国家刚好出了新政策，土地可以流转，于是我们整合了一个2000亩的牧场，其中的200亩用于养牛，养了1000头牛，牛的粪便还田，这样一来把饲料和污染问题都解决了。我们公司购买土地，农民通过土地入股，请专家养牛，把这些资源整合到一起，相互之间都有关联。加工厂必须给牧场投资，同时牧场主也慢慢变成工厂股东。我们给的牛奶收购价高，但是不给现金，年底以股份支付，按交的牛奶数分红。这样产业链就通了，大家成了利益共同体，好牛奶有了保证，在此基础上我们有信心把金河打造成宁夏的阿拉福兹。事实上，当政府了解我们的想法后，当即决定大力支持。

产业链思路的导入是金河发展史上一次重大变革，它让我们有了更广阔的产业抱负，一个现代化、平台化、立体化的企业逐渐浮出水面，并迅速落地生根，我们又站在了全新的起跑线上。

总书记和我谈机制

一个企业是否能可持续发展,机制是最关键的因素之一。

2010 年 3 月 21 日上午 10 点,我们的金河塞上阳光牧场迎来了一位特殊的贵宾——胡锦涛总书记。总书记的行程安排得很紧,只停留了 43 分钟,但令我有些吃惊的是,总书记不仅熟悉西方与中国的牛奶行业,而且非常关心我们的运行机制。在详细了解了金河目前采取的奶牛合作社模式后,总书记说,这样的模式,只能说是让农民掌握住了一个主动的权益,还没有将奶农与企业建立起一个紧密的股份关系。

实际上,这正是我一直考虑的问题。随后我向总书记介绍了集团未来要实现的目标,即形成完整的产业链,让农民转变成产业工人,建立紧密的利益联结机制,共同发展。总书记听完笑着说:"这样就是一个利益共同体了。"总书记详细询问了我们的规模、产业链之间的利益关系。我向总书记汇报了把宁夏打造成"中国牛奶产业高新技术示范区"的想法,对于这一点,总书记颇有感触。

总书记说,现在随着人民生活水平的提高,人们对奶制品的需求量越来越大,相应地对奶制品的质量要求也越来越高了。企业一定要在扩大规模的同时,确保奶源的质量安全。如果没有这一条,就意味着企业彻底失去了竞争力。同时,要去思考采用什么样的管理机制和科学技术,要在机制上创新,把千家万户的农民带动起来。如果有一天,宁夏的奶牛年均单产能达到 10 吨,那就太好了。

总书记还说:"所以最关键的是两条,就是在扩大规模的同时,怎样保证奶源的质量安全。喝了你的奶,吃了你的奶,要让人有安全感,那你才能有市场竞争力。第二,我的观念是,要经营体制创新。从原来我们搞的专业户，到后来的养殖区和合作社，现在这种模式还需要，但问题是在规模扩大的情况下，就要研究新的机制。"

考察活动即将结束时，总书记再一次停住脚步，语重心长地对我说："不要觉得规模越大越好，而是要把机制做好，这样大家才都有积极性。所以要建立利益共同体让大家都关心我这个企业的命运，从饲草种植，到奶牛养殖、挤奶，再到产品加工，必须每一个环节都一环套一环。"

我也向总书记表了决心："这个行业在我们宁夏有 20 多万的从业者。我们金河当初也是小企业，从 4000 元起家，就是靠良好的机制发展起来的。总书记，您的到来给了我们宁夏乳业最大的鼓励和信心，我们一定把宁夏乳业做好，把宁夏清真牛奶卖到全中国，卖到全世界去！"

在机制方面我的体会是，机制没有一定之规，适合企业发展的就是好的。对金河来说，我们的机制必须达到三个满意：一是政府满意，我们能带动一方经济的发展；二是消费者满意，要有市场竞争力；三是利益方满意，尤其是农民们要满意。总之要调动一切资源的积极性，共同壮大。

企业之"魂"

今天，我们企业的"魂"更清晰了。那就是，致力于为中国 1000 万精英人士提供优质蛋白食品，为他们带来健康和幸福，改善他们的体质，让他们精力充沛，更加有活力，同时强国富农。我们不仅是在做某一种产品，而是为了满足人们对于健康的更高层次的需要，这是一件有"魂"的事情，通过这种跨越，我们让企业变得有使命感。如果你的产品还仍旧只是一个赚钱的产品，那你就不可能让你的事业变得神圣起来。没有神圣感,企业和员工都好比机器一样。

我们也发现所有行业的产业链都是一体的,你要像经营你的企业一样去经营你的合作伙伴。怎么变为一体?就是要通过利益把大家捆绑起来,你中有我,我中有你,好比水乳相融,浑然一体,才能爆发出超级裂变的能量。

> 用我们的产品让人生活得更幸福,用我们的产品让顾客生活得更美好,就是企业的"魂"。
>
> ——思八达观点

所有的模式,产品都是具象的东西,而你有没有追随你自己的内心,有没有发自内心地去做一件有益于他人的事情,也就是说你的精神世界有没有变得无我、利他,是你和你的企业腾飞的核心所在。

如果金河基于这个产业链能够做好,这将成为金河新的 10 年发展的坚实基础。食品的安全问题很容易毁掉一个品牌的行业,只有控制上下游产业链才是硬道理,我甚至认为这是唯一的出路。

那么金河盈利模式在哪里呢?我归纳起来有五点:一是品牌;二是技术,成立技术公司提供技术服务;三是饲料;四是资金服务中心;五是土地增值,做农业旅游、旅游地产。

现在政府越来越支持我们,归根到底,政府看一个企业不光是看你的企业能赚多少钱,还要看你的企业有多大的社会效应。如果你还能激活产业链,造福一方百姓,政府是一定会全力支持你的。相反,结党营私终究是不能长久的。

我们要致力于生产安全、绿色、美味、高品质的蛋白质食品,把未来的金河打造成一个为员工实现梦想的平台,打造成一家在行业中受人尊敬的公司。金河创业时候的消费群定位是儿童,现在是中产阶层,也就是生活有一定的物质基础的人们,他们是社会的精英,我的新战略服务于他们。

我们不是卖奶的了,与伊利、蒙牛也就区隔开了,我们要重新找到金河下一个10年的发展定位,实现金河的第三次创业。

为了实现第三次创业的良好开局,我们从内到外都将走一条高端的路线。首先是"造场":为了高品质,按美国FDA(食品和药物管理局)标准生产,成本多出1000万～2000万元而在所不惜;为了让顾客有感觉,我们建了乳业博物馆,一座3000平方米的体验式广场。我们去大英博物馆参观的时候,里面两个骨架给我们的印象特别深,喝奶的骨架是白的,不喝奶的骨架是灰的,非常引人思考。第二个想法是工业旅游,让客户体验了解我们的品质细节,消费者在参观的同时可以喝,也可以动手做,当地孩子可以在星期六星期天学习参观,了解牛奶是怎么来的,知道牛奶是如何防止骨质疏松的等科普知识。第三是要做一个《一千零一夜》里的阿拉丁城堡,引导百姓体验异域风情,把整个阿拉伯的建筑风格、文化符号和独特体验引进来。当然,我们还要做好中国第一个蛋白粉工厂,生产出最优质、最安全、最绿色的产品。2010年我们举办了两轮产品推广会,订单突破了1个亿,再一次验证了我们的战略决策之成功,也更坚定了我们把蛋白粉等高端健康食品作为企业未来核心发展方向的信心。

在经营企业的各种磨难的岁月中,我最大的发现就是,老板的境界就是把你和事业变成一个整体,你们把自己交给事业多少,就能成就多大的事业。一个企业要发展就必须不断地学习,不断了解、掌握相关知识以及市场动态,在企业中营造浓厚的文化氛围,这样才能拥有在市场竞争中持久不败的资本。

金河的未来是做健康产业,主要方向是营养保健品、健康食品,如大米、羊肉等,目标是做成中国数一数二的顶级健康食品企业。整个产业必须阳光化,就像当初做酸奶是为了造福人类的健康一样,我们要做的也是引领潮流的健康产业,把全世界的先进科技和理念与中国特色的健康养生理念相结合。目前我国的健康产业及健康管理行业刚刚起步相对滞后,不能适应或跟不上我国现阶段国民经济与社会发展又好又快的形势和要求,这一行业必定大有机会。其实,这也是一个企业有"魂"的根本体现,只有做对客户好的事情,企业才能生生不息。

在我们厂会议室,挂了两张照片。一张是电视连续剧《亮剑》中的李云龙,一张是《阿甘正传》中的阿甘。李云龙表现出的是敢于挑战的亮剑精神;阿甘表现的则是认真精神,在他身上体现出了执行之"魂"。我个人比较喜欢阿甘,我觉得阿甘有一种孜孜不倦地追求一件事的精神,我跟他很像。

傻乎乎的阿甘为什么每件事都做得比别人好?就是因为他专注,低着头只管向着自己的目标往前跑,从来不考虑什么困难,也不去计较什么得失。这样,人就更容易接近成功了。

每个人都是一个独立的星球

我非常喜欢一句话:设计什么不如设计人生。有人也许会问:人生变化莫测,命运难以捉摸.怎么能设计呢?但至少从我的经验而言,我自己的人生走到今天是有意识设计和规划的结果。只要我搞清楚了自己这辈子到底想要怎么活,我就有了立场,我愿意这样选择,此生无悔。所以我遇到的所有困难、所有刁难都只当成磨炼,都很正常,没什么可怨的,面对这些我非常坦然、非常坚定、非常清晰。

经营人生,把命运掌握在我的手中,是我人生的信条。我还为自己设计了人生导航图,包括时间横轴、空间纵轴,把我一步一步的经历和未来的梦想都点缀在上面。我相信所有的人都是一个独立的星球,你自己完全可以按照预设的轨道运转。

　　如果要想把握创业持续的问题，必须首先要解决人生高度的问题。必须解决精神世界的问题，创业才能持续，否则就是"前半生挣钱，后半生糟蹋钱"。很多不成熟的老板都是这样。

　　回头来看，我的人生是自己规划出来的，而很多人是一步一步摸索出来的，但答案都是一个，那就是必须拥有精神世界。精神世界是一个人的动力源泉。

　　我的思想成长经历了从"小我"到"大我"的过程。虽然岁月磨去了一些我作为老板的野心，但通过多次失败和成功的反复，我的内心深处变得强大。我从大学思考"人为什么活着"，然后从工作、创业到失败，再成功再失败，几次起起伏伏，我一直在探索。只有上岸之后，你才会发现你的最终值得骄傲的一点点成功，都是你花费前半辈子深入体验得来的。人为什么而活，就是为了对别人有帮助，你的存在是给别人带来价值。当你去帮别人的时候，你的精神就会升华。当我们把丹麦的产业链经验移植到宁夏时，很多农民从奶农一下子变为老板，享受经营企业带来的分红。虽然我们给的不是很多，但我们成就了他们，我们的企业一下子树立了很高大的形象。我和我的员工以此为媒介，触摸到了拥有一个强大精神世界而造就的人格升华、企业蜕变。

　　第二个层面，是必须拥有梦想。那么你的梦想是什么？不想当将军的士兵不是好士兵，梦想是人动力的源泉，我也是这样走过来的。你怎样才有梦想？你要考虑你必须成为怎样的人。然后，是未来你想过怎样的生活，把梦想具体化。你的经历是你一步一步地探索出来的，而你的梦想必须是指导你的经历的。经历过酸甜苦辣，才能在成功的时候体会到精神与事业融为一体的幸福，那是世界上最愉悦的感觉。

　　然后是自我剖析，你认识你自己吗？你是怎么样的人？你的长处是什么？只有把你的长处发挥到极致，你才能成功。像我喜欢牛奶,我就把这件事做到极致。当然很多人都有自己的特点,要扬长避短,把自己的长板做足。人生所有的经历就是你历练优点、弥补缺点的过程。

接着就是按照目标分阶段行动。没有钱,可以去创造价值来获取机会,尤其是最初,要有敢想敢做的作风。做企业,我觉得最宝贵的财富就是你面临大难的时候,绞尽脑汁,体会到为了生存愿意付出一切的滋味。那是你生命的原动力,只有把绝路当生路,才能爆发出惊人的力量。

有个阶段,我受西方管理学的误导,不是经营员工,而是去管理员工,所以那两年企业成长得很慢。我认为企业不能有考核,而应该有绩效,绩效就是机制的作用。技术可以拿来主义,但制度不行。其实经营企业跟经营你自己是一样的,如何激励自己、成就自己就如何对待自己的员工。当你看到企业中的每个人都有梦想的时候,你的成功就随之而来。

做奶 13 年就是我 13 年的人生。要想有不一样的人生就要有不一样的经历,要想成为超人就要有超越别人的经历。

五项修炼之第三项

内求的智慧

"内求的智慧"表现为创业家对自我的不断省察、思辨与开悟能力，即把自己作为最好的老师。这在本质上也是一种自我挖掘、自我超越的能力，当事业遇到瓶颈时，一切都可以从自身先找到答案。

但遗憾的是，在创业家个人成长的过程中，很多人只注重外部的获取，一心向上生长，而往往忽略了反观自身的力量。实际上，向内求可以使创业家获得自我超越的动力。内省是一种积极的生命态度，如果我们只盯着外部纷繁复杂的世界，久而久之会忘了出发的初衷，以及生命的意义所在。

出生、成长于大西北的闫建国更能体会到这种内求的力量。如同美国电影中一直奔跑着的阿甘，强大的自我就是在一次又一次的内省中诞生的。当他的创业遭遇种种失败时，他的第一反应，就是问自己尚缺少什么。在他看来，创业的过程，就是一场修炼自己的过程。

这场发生在内在精神领域的修炼，使得闫建国脱胎换骨。以至于如今在他的词典里，根本找不到"失败"这个字眼。因为，所有的外在世界里的所谓失败，都会换来他内心世界里的一次提升，心灵的力量反而更加的强大，活着的感觉会更加的美妙。他用"灵魂深处会发出一缕缕金光"来形容这种精神上的愉悦感。如果能修炼到这个地步，那么创业家创什么业并不重要，创业家本身的这种灵魂力量才是最为重要的，最值得我们追求的。

看起来向内求并不是一件很难的事情，但却很少有人能够主动去做。懂得内求的人会消除恐惧，并最终迸发出强大的自我引导力量。一个会自我引导的人在心智上已经成熟,他可以自己完成精神的造血。只有不断地审视自己、认识自己、思索自己,才能更深刻地把握自己。

如同根深叶茂的植物一样,一个创业家只有学会向下扎根,才能保证事业的长期稳健发展。内求的智慧并不追求一时的速度,而重在内省、开发自我,从而发现、调动、凝聚个人的能量,使自己真正强大起来。

企业不会突然发生变化,一切变化都首先来自于创业家本人的变化,学会内求,你将进入一个全新的世界。现代社会的一大通病正是,我们对外界知道得越来越多,对自己却越来越陌生。举个例子,尽管现代科学技术突飞猛进,但迄今为止人类对大脑的研究仍不过是刚刚开始。

内求的智慧是一种隐形的力量。它并不是简单的"一日三省吾身",而是以调动自身潜能为目的的主动求索。在充满变数的创业路上,你不可能预料到所有的变化,但你足以把握自己。

创业家必须常葆一颗赤子之心,学会定期修复、清理自己心灵中那些应该修复或删除的事物。你必须明确,很多时候,求人不如求己,求外不如求内。内求将重启你的思维系统,宁静你的心灵,删除那些杂质和障碍性因素,从而使作为人本身的创业家回归一个整体。

向内求与向外求并不矛盾,它们是一对辩证关系,只有掌握了内求的智慧,向外的力量才更强大。懂得如何内求的人将获得超越自我的力量,他不需要借助外力前行,一切听凭内心的指引。

正如闫建国为我们总结的,每个人都是一个独立的星球。当我们的内心平静且强大时,所有的失败与不顺,都是对我们内心的磨炼。

第四章

妥云：我的两次『熄灭』到『点燃』

妥 云

创业家素描

　　如果没有 2009 年夏天的那次偶然,今天的妥云可能早已在享受人生了。45 岁那年,他做了心脏搭桥手术,整整 4 根。休息了半年后,他又在宁夏做了几个房地产项目,依然获得了成功,但他有点不想做了。财富不再像年轻时那样让他兴奋,多年的房地产生涯使他觉得商业不再具有魅力。

　　实际上,这已经不是妥云第一次打算放弃了。早在 2003 年妥云从南方回到宁夏,他就过了一段闲云野鹤的时光,和一群朋友周游世界,自得其乐。由于多年的商业合作,妥云在朋友中口碑甚好,很多人愿意和他一起做生意,觉得他值得信赖,自身利益也有保证。于是没闲多久,妥云在朋友的鼓动下再次在宁夏做起了房地产,结果不出所料,他的产品一推出就成了行业标杆。

但到了 2009 年,他还是不大想做了,并不是他没有一点商业抱负,而是他的财富欲望已经真真实实地在减退。他开始认真思考自己后半生的生活方式,孩子也大了,有足够的平台任由其发展。另外,有一个想法一直埋藏在他心底:他不想让孩子再经历自己所一路体验过来的滋味。

这年夏天,妥云参加了思八达在迪拜举行的一场三弦智慧课,正是在这个课堂上,他感觉自己重新看到了事业的希望。渐渐地,他开始酝酿一种全新的民营企业发展模式,一个新梦想日益激荡着他的心胸。

"这是一场试验。三弦模式是中小企业发展的助推器,我们要聚众人之智,成众人之事。"妥云这样说。此时的妥云好像换了个人似的,带领着一批核心骨干日夜筹划着崭新的事业蓝图。为了保证三弦模式的稳健发展,他制定了公司章程,以及各种公平合理的游戏规则,同时还要寻找适宜的项目。这俨然又是一次更壮阔的创业之旅,意义与当年的房地产项目已不可同日而语。工作比之前多了几倍,但妥云看起来仿佛越来越年轻了。他笑着说自己现在一点也不觉得累,因为他相信,一个激动人心的商业版图正浮出水面。

112

创业自述

进 城 去

　　我人生最初的愿望很简单，就是要进城，做个体面的城里人。我出生在宁夏回族自治区青铜峡市的青铜峡镇，父亲曾经是军人，在部队里学会了双手打算盘的绝活，退伍以后被安排到镇供销社做营业员。当时这个工作很吃香，短缺商品能以内部价格买到。大约五岁那年，因为父亲每个月工资只有几十块，没法养三个孩子，刚好农村有地，一家就回到了农村，父亲当了村会计。镇上当时有 2 万多人是城市户口，下属三个村 4000 多人是农村户口，我成了村里娃。

　　青铜峡镇虽地处偏远，很多人可能是第一次听说，但并不闭塞，信息也比较灵通。20 世纪五六十年代，为了建设青铜峡水利枢纽工程，改造黄河，大批从北京、上海以及东北来的高端人才汇聚于此。镇上 80% 的人都来自于全国各地，因而青铜峡镇的人口文化素质普遍高于全市，当时镇上中学的教学质量在全宁夏都是非常高的，而我初中、高中都是在镇上读的。在学校里，我很快感到了城里人与乡下人的差距，心理发生了变化，那个时候城里人的优越感还是很强的。可父亲已经回到了农村，再往城市走在当时几乎是不可能的事情。看着城里人的生活，我内心渐渐产生了一个强烈的念头，那就是总有一天要有城市户口。

　　为了进城，我拼命学习，18 岁时考上了老师，先当民办老师，再当代课老师，24 岁转为正式教师。但我骨子里是个不安分的人，一心想取得城市户口，并想要出人头地干一番事业，于是我想方设法转

　　唯有磨亮渴望的刀锋，才能走出自己的人生。

　　　　　　——思八达观点

干。我运气一直比较好。1984 年我离开老师这个职位，进入青铜峡市建筑公司（那时是青铜峡市最好的建筑公司）做采购员，终于获得了城市户口。后来成立了贸易公司我又担任公司总经理。1988 年青铜峡市搞试点，成立农工商联合社，当时我被提升为农工商联合社副社长兼工业公司总经理，行政级别副科级，分管下属 6 家企业。就这样一步一步靠自己走下来。

初次尝到富裕的滋味

也许是遗传父亲的原因，我并不缺乏商业头脑。20 世纪 80 年代中期，国家开始大力鼓励个体经济，靠聪明勤劳致富不再是件可耻的事情，这个时候我正式开始了商海的第一步尝试。

我的思想比较活跃，老想挑战自己，做完一件事情感觉满足了，就还想做更高的事。我表面柔软，但是内心很强硬，有着一股不服输的劲。只要我认定了一件事，就会一步一步往前走，虽然前方道路崎岖，但我不会放弃。有困难就克服，有问题就解决，这是我自 28 岁起一直坚持的工作态度。在学校时尽管自己学习挺好的，但由于是农村户口，我总觉得低人一等，于是拼命进取。进城后正好赶上改革开放，在国家鼓励个体户的时候，我成了先行者，所以年龄不大就成了富人。

在建筑公司担任副经理的时候，国家允许我们搞承包，我就自己承包搞工程，交管理费，每年能赚四五万元。这在当时不是个小数目，用民间的话叫"大款"。我是镇上第一个有彩电的人，第一个有日本雅马哈摩托车的人，后来有三辆。年轻人喜欢时尚消费，那种感觉简直棒极了。到 1984 年，我有了自己的第一辆北京吉普，1988 年开着 12 万多元的切诺基。记得 1984 年我从西安飞往深圳，拉着一个大密码箱,光机票就要 180 元,那时就是觉得自己有钱,自我感觉很好。1992 年我又买了两辆奥迪,32.9 万元一辆。这件事在当时的朋友圈里引起了轰动,也有人说我胡折腾。

南方,南方

1988 年我开始在青铜峡市农工商联合社当副社长,当时企业经营得好,我有了一点名气。我管理的有建筑公司、建材公司、开发公司(开发公司不是现在的房地产开发,而是搞土方工程、修路等)等。那时我成立了开发公司,向银行贷款 700 万元,其中 300 多万元买了50 多辆翻土车,5 台挖掘机。当时宁夏农垦系统只有 3 台挖掘机,我自己就有 5 台,因而开发公司注册的时候在青铜峡市很轰动。当时贷款也很方便,只要有人担保,无需资产抵押。贷款后来也全还清了。我管辖的还有建筑公司,当时一个项目价值几千万直至上亿,分给我的也有几十万元。总结下来,我善于抓住改革开放带来的机遇,是党的政策为我创造了财富。

不久新的机会来了。1991 年广东拉开了建设大亚湾填海工程的大幕,我看到了自己的舞台。在好朋友的召唤下,我购置了挖掘机、推土机、翻土车到那边去干工程。一到惠州我就爱上了南方,浑身有使不完的劲儿,立刻和有关方面签了合同,把设备、人员等都调了过去。有些订购的挖掘机都没有发到宁夏,直接开往深圳。当时我还在青铜峡的政府任职,但政策允许个人以各种方式办企业。可能我对"势"的把握比较好,我当时做的事都踩准了时代的节拍。

1992 年邓小平南方视察之后,东南沿海瞬间成了淘金的天堂。当时有句口号,叫"东西南北中,发财下广东"。在大形势的推动下,很多政府纷纷在广东设立了窗口公司,按照"宁夏、内地、沿海"三点一线的发展思路,青铜峡市分别在深圳、惠州、海南、北海、大连、上海开办了投资公司。这时候因为我在南方已长驻了 1 年多,亲眼看到了这些年来广东的变化,我强烈地感受到了这片热土的无限商机,也觉得自己适合这里,这里才是我奋斗的地方。于是我建议青铜峡市政府在惠州设办事处,并主动请缨。结果,市委常委会全票通过,让我担任驻惠州办事处副主任(主任由市委常委挂名)。半年后,政府下发文件号召各级干部凑钱,处级 2000 元,科级 1000 元,其他干部 500 元,总共集资了 500 多万元,把这些钱拿来让我在南方投资,开展项目。我当时信心十足,有了政府的资金,我可以做很多事,但没想到的是,冬天很快就来了。

走 向 自 由

1993 年是我人生的一个转折点,我的创业想法第一次被点燃。来到改革开放的前沿,追求财富的欲望燃烧得更加强烈,应当说凭借我在青铜峡赚取的第一桶金,我在惠州的创业已不是白手起家了。

当时做贸易很赚钱,在深圳做边防贸易,不管是日用品还是水果等,从香港进来价钱都要翻好几倍。我在陕北榆林地区有很多朋友,在 1995 年至 2000 年这段时期他们以很低的价格获取了极其丰富的煤炭资源、矿产资源和石油资源,由此获取了巨额利润。但我当时都没动心,我觉得房地产行业是我追求的目标,是我想做的行业。我只想着把这件事做好,并且我在政府企业里工作时积累了丰富的社会资源。从 1993 年开始,我在这个行业里一干就是 20 多年,起初我对房地产并没什么概念,就是凭感觉。我觉得这个行业有好的发展前景,而且我就对建筑物有感觉,看着自己开发的楼盘伫立在城市里，能保留几十年至上百年，心里便充满了成就感和自豪感。

实际上我做房地产不纯粹是出于财富欲望的满足，也是一种爱好，是对建筑艺术的追求。项目的成功赚到了钱，一两年内还有兴奋感，时间长了也就淡了。现在我去惠州或是在宁夏看到自己的项目，其实比当时赚了多少钱还高兴。看到自己开发的楼盘，能通过它们回忆起很多往事，当初是怎么选择瓷砖的、选择颜色的、选择设计方案的等等。这种回味的感觉特别好。慢慢地，做房地产变成一种事业追求，那些年每次出国旅游，我都专门抽出一天时间去看当地的楼盘。特别是到 2002 年以后，我对房地产慢慢有了更深的认识，觉得建筑是一门有遗憾的艺术。

可以说在商业地产和住宅地产上，我的把脉还是非常准的，因为这么多年我一直在研究。无论去什么地方做投资，我分析的利润点都能高于预期利润。别人选定一个项目，需要去考察、写报告、分析等等，而我到一个地方去半个小时就能算出这个项目是否能赚钱，一天之内就能拍板干不干，因而我做项目出手特别快。从科学决策来说，前期要经过很长时间的论证，包括可行性报告，各种市场分析、预测等，但也许因为我在房地产行业的长期积累，到每个地方我只看几个指标，如地价、销售价、建筑成本价，还有政府给的各项指标，如容积率、绿化率、建筑密度率等，除此之外我还看周边有否商业支撑点、住宅销售点等，所有这些指标在我脑子里过一遍，我一算就能知道该项目是否能赢利。至今我所有房地产项目的决策都没有超过一天。

但 1993 年宏观经济形势很快出现了热过头的现象，两三年间仅在惠州的投资就砸了 2000 多亿人民币。6 月，当时的国务院副总理朱镕基下令对房地产行业进行"一刀切"，勒令停止所有房地产项目。泡沫迅速破灭，一时间珠江三角洲烂尾的房地产项目比比皆是。

这可急坏了青铜峡市政府。因为担心集资的钱打水漂，领导找到我说原来这些钱能不能提前收回。事情来得突然,但我知道其中的利害,只用了两个月时间就全部偿还了集资和贷款,并且把原来承诺给政府年 12% 的回报率加至年 18%,这令很多人都没想到。当时集资的时候,有人说把钱给妥云这个 30 出头的小伙子有风险,他会不会挥霍掉或卷款而逃呢? 有关领导每三天就打电话问我项目的进展情况,每个月派一个副市长过来检查一次工作,并由市委常委兼办事处主任监督项目进展情况。偿还了所有的资金后,按理说我该回宁夏,但我想既然已经和政府两清了,那就自己创业吧。

我彻底自由了。离开了政府的平台,我相信自己会有一番作为。我相信自己能成功,但还是低估了形势。

这个冬天有点冷

从 1994 年到 1997 年,是我创业生涯中一段难熬的日子。由于国家对房地产的严厉调控,房地产市场低迷。当时我有三个项目,本来都很看好,但无奈市场不景气。为了活下来,我只好低价出售了其中的两个,留下一个等待房地产的复苏。我不知道春天什么时候会来,心里很压抑,也不知干什么好。剩下的这个项目 1994 年就已开挖地基,但不得不停下来,直到 4 年后才启动。这个项目属于旧城改造,需给广东这边的人发工资、缴纳租金等,来维持这个公司运转。我把所有的钱都投在这个项目上了,包括早期在青铜峡时赚的几百万,还卖掉了在银川的房产。那段时间里我心里慌过,但想回西北也回不去了。我没有退路。一个项目扔在这儿了,地下室做出来就没钱了,其他两个项目又都抛掉了。我也悲观过,但还是相信最后一个项目的价值。

终于熬到了 1997 年,随着香港回归的临近,房地产开始回暖,我找朋友入股了500万元。1998年朱镕基在海南开会，对究竟是否启动广东、海南等沿海地区房地产进行探讨，当时有两种意见：一种是银行继续注资，重新启动项目，再把它收回去；一种是销掉坏账，让项目自生自灭。幸运的是，中国农业银行宁夏分行将我的项目作为试点报批上去，得到农业银行总行行长的签字认可。于是总行拨给我2000万元资金，我的项目就顺利启动起来。这是史无前例的，因为全国范围内不容许跨地域贷款，这属于特批，允许把这个项目作为试点。宁夏派了一个支行副行长来监督了一年，直到我把这个项目顺利完成。监督的目的不仅仅为2000万元贷款，还有之前的1500万元贷款。市场好起来了，加上2000万元资金的注入，项目盘活了，最后3500万元连本带息全部还掉。紧接着，我在惠州又和别人合作了两个项目，赚了两笔钱，赚完以后我觉得财富欲望满足了。转眼我在南方已经打拼了10年，商海的酸甜苦辣应有尽有，人生中最好的一段时光都献给那里了。

突然有一天，我萌生了回西北老家的念头。钱已经赚够了，我不想再经历前几年的那种痛苦了。那段时间我勒紧裤腰带，把所有钱都压在一个项目上，项目却不能启动。那时只等着那个项目启动后能少赚点钱，如果能把本钱收回来，再赚两三千万，回去过日子就够了。结果没想到不久之后这个愿望就得到满足了。

第一次"熄灭"与"点燃"

人都有贪欲，往往人最初的动力就来自于这种贪欲，如果你没有财富欲望，最好不要选择创业。在我年轻的时候，思维还停留在生意人的阶段，哪里有商机我就兴奋，哪里有钱赚我就去哪儿。可以说一直到1993年之前，财富的欲望在我的价值观中占到了很大比重,我一心想着赚钱,目的是为了有好房子住、有好车子开,出人头地,在社会上有地位。在这种动力的驱使下,我并没想到要干一番大事业,还没达到那个思想境界。1993年成立自己公司之后有些不同了,一方面我发现了一块商业的新大陆,更有激情,对前景充满希望;另一方面我的思想也有所成熟。

说实话,早在10年前我的财富欲望就已经得到满足,足够我和我的家庭在中国的生活需求了。我从小在农村长大,不是很渴望奢华的生活,年轻时有商业冲动,干劲足,人到中年想法有变化,后半生已经衣食无忧,有悠闲自在的资本了,继续赚那么多钱还有什么意思呢?不如享受人生。2003年我从广东回到银川就是因为这个原因,就是觉得赚钱没什么劲了。那时我刚好43岁,正是精力旺盛的时候,但我就是不想干了,如果还想干的话我不会离开广东,那里有创业激情,有更成熟的市场环境。而且我也知道房地产的又一轮黄金发展期刚刚到来。

我喜欢家庭生活。我们家是回族,在外地生活不习惯,我的父母、家人都强烈要求我回去,而且儿子女儿都在银川。我与别人的想法不一样,别人追求几十亿甚至几百亿财富,我觉得自己的财富只要够用够花,能够自由支配就可以了。我在南方漂泊了13年,尝尽了创业道路上的酸甜苦辣,财富梦想实现了,便觉得不想再奋斗了。我在宁夏买了一些不动产,一年光靠租金就足够生活了。于是我和一帮同样有了些积蓄的朋友满世界转,整整玩了半年。

大家一起玩的时候,经常有些三四十岁的年轻人和我探讨事业和人生。有人问我:"你已经满足了,我们手头也有些钱,要么你牵个头,大家再一起干点啥,我们跟着你干。"就这样在朋友的提议下,我在宁夏又成立了新的房地产公司,带领一帮朋友以合作的方式再次做起了房地产。

现在回头来看,这是一次事业的延续,算不上是真正意义上的

"点燃"，我们一伙人也只是想再做些事情，有几分不甘寂寞，加之我对房地产还有感情，接下来几年的项目是顺带的结果。

我这个人有个特点，要么不做，要做就全心全意认真做，做到我自己认为达到最满意的标准。我们很快在宁夏推出了第一个项目——"欧陆经典"，一下子就引起了轰动，别人都问是哪个房地产公司做的。第一个项目成功以后，我又回到老家青铜峡开发了 30 万平方米的住宅小区——"水岸世家"，当时在县级市住宅中也是标准最高的。之后我又在银川连续开发了"金海明月"、"城市 1 号"等高端楼盘，成为了银川高档住宅典范。

我对合作的理解

我还有一点与众不同的是，这些年做了这么多项目，无论是大小，从没有一个人单干过，都是与人合作。有些项目我完全可以自己全盘操作，但我还是要让别人参与，目的是联合更多的力量，把项目做得更完美。打个比方，假如有一个赚 2 个亿的项目，一个人做可能 3 年才能完成，5～10 个人一起做的话 1 年半就可以完成，同时还可以再上另外 2～3 个项目。如果每个项目产生 2 亿利润，那就又能多产生几个亿的利润，从总利润角度和个人价值的角度来说利润没有减少，但所产生的社会资源大了很多。所以从我在广东创业开始，所有的项目我都与朋友合作，渐渐发展为只要我有项目，周边的朋友会主动找我想加入。我会根据项目特点主动找人来参与，因为我觉得这样会对项目有推进，会实现项目利润最大化。

做好一个房地产项目不难，第一选好项目，第二是运作思路要清晰，第三是资金，这三点如果把控好就能把项目做成功。在运营思路上我会请专业团队帮我定位。我有一条原则,就是该我挣的钱我就挣,不该我挣的我就不挣,不能又是开发商,又是建筑商,又是策划商,这样的话什么都做不精。很多开发商到后来做不下去了,尽管看起来单个项目的利润很高,例如正常 3 个亿的项目他能赚 5 个亿,表面上多赚了 2 个亿,但背后他却需要更多付出时间成本。做项目的资金周转率就降低了,我们 2 年能完成的项目他要做 5 年,而我们做完了又可以上新的项目,这样一来我们的利润率一定比他高。而且,单个做项目的方式很容易垮,而我们这样却做得很轻松。因此可以说,往往老板是自己给自己加压力,而不是别人给的压力。事无巨细,项目的每个细节都跟进,虽然实现了单个项目利润最大化、成本最小化,但往往都做得筋疲力尽。换句话说,就是没有做好资金周转期、项目周转期、人力资源周转期预算等。

　　"凭感觉、联盟、持续"这几个字是我行走商海多年的信条和秘诀。我在惠州的 10 年,积累了很多房地产开发的经验教训,也找到和别人合作时维系联盟的方法。与人合作时只要让出利益,打开胸怀,任何事情都能成功。只要和我合作过的人都成了我的朋友,并且大部分人过了 20 多年仍在和我合作。别人说合作难,我说合作不难,我和所有人合作都没有发生过矛盾,也没打过官司。比如,某人说要和我合作,他要占多少股份我就会给他多少股份。合作期间项目利益增大了,他又会向我索要更多利益,像这样仅希望多索取利益、人生价值观和我不同频的人,项目合作完以后只做朋友,不再合作。总之,如果仅是为利益而来的人我可以把利让给他一些,长期为利益而来的人我就不和他再次打交道。所以和我合作过两三次的人都知道和我合作不应为利益而来,利益是一方面,而一起共同做一个事业才更有意义。在惠州的 10 年,我和各种不同的老板都打过交道,大老板,小老板,各行各业的老板,因而我能清楚地知道他们需要什么,知道什么样的人适宜合作,什么样的人不适宜合作。到现在为止我也比较自负,可以自豪地说从 1993 年至今我还没有失败过,没有一个项目烂尾。做房地产项目有两大因素:当地消费和资金链。我有那么多股东,因此在资金链上从未出现过问题。假如 10 个老板一人拿 3000 万就是 3 亿,而一个老板拿 3 个亿就不行,会受国家政策调控。所以我觉得联盟是我做项目没有失败过的一个重要因素。

从 2003 到 2009 年,如果仅凭我一个人的实力,最多做成两个项目,而且会耗尽体力和精力。而实际上我做了那么多项目还不累,那就需整合好资源并将资源充分利用,真正让每个人都成为项目的操心人,才能把项目做大,把公司做大。自豪地说,按照这个思路,我在同行里做得很轻松。

长期的合作需要心胸、格局,当然也需要感觉。我与人交往把握的分寸是:有些人敬而远之,有些人远而敬之。有些人天天在你身边但我们的心不近,而有些人离你很远但心贴得近。因而我觉得一个人值得交往时我会付出真心,会全身心投入。

第二次为什么"熄灭"

就在我重新拾起感觉在宁夏做房地产的时候,2004 年年底体检时发现自己得了冠心病,之后便做了心脏搭桥手术,休息了半年。这种病不宜过累,到了 2009 年我又不想做下去了。身体是一方面,更重要的还是觉得干来干去没意思,无非是再多赚点钱,这个项目多挣了点开心一下,那个项目大赚了一笔高兴一下,但说到底还是不断地重复昨天而已。

应当说这时的我又"熄灭"了,也陷入了深深的迷茫之中,不知前路在何方,确切地说我找不到继续做事业的意义了。曾经有过的困惑又回来了。赚钱对我来说已经失去了意义,也没有了兴趣,我对金钱没有特别大的欲望。而且我也不想把企业做得更大,做得更强。我的奋斗目标又丧失了。

一般人都认为老板就是要把企业做大,其实不然,如果我一心想做大我的企业,不仅我累,而且当我把我的企业交给儿子后,他更累。我太了解商业世界的游戏规则了,你进入了商海,其实也就选择了一种无路可退的生活方式,因为你不可能停下来。无论我交给儿子多少资产他都要继续做下去,他极有可能重复走我之前走过的道路,也许走的方式不一样,但是还得孤军作战往前走,不走不行。如果我的儿子能力强,那会把公司经营得很好。但如果我的儿子能力不够,那公司就成了他的心理负担,说不定把他的人生都毁了。我对儿子的要求就是顺其自然。我给我儿子的定位是无论怎样发展都不要走爸爸曾经走过的路,因为我自己走过了 20 多年,知道这条路太辛苦了。

> 当你知道迷惑时,并不可怜;当你不知道迷惑时,才是最可怜的。
>
> ——思八达观点

从 2007 年以后我就重点想孩子如何继承我的产业。2004 年做心脏搭桥手术前后对这个问题想得更多,后来终于想明白了,不能让我的儿子重复我的老路,这是害他。经过这么多年虽说我很幸运,但我也受过屈辱,曾经也有几次都觉得有些撑不下去了。搞房地产经常要求人,要过一道道关卡。我不想让我的儿子再像我一样。2007 年我想通了,也不去强求他,一切顺其自然,做他自己想做的事,我不想让他再走那么艰难的路。所以我觉得最好让他自由发展。

儿子的发展问题想明白以后,就轮到我自己了。接下来我该怎么办呢?我当时的决定就是退出江湖。

一次意外的选举

生命中的有些转折时刻总是来得很偶然。2009年10月我参加了思八达在迪拜举办的第七届三弦智慧课程，按照惯例，最后大家要推选本届同学会班长，我意外地当选了。我表态说自己年龄大了，50岁的人了，不适合做这个事，班长应让给年轻人做，并且我还有自己的事情想做，觉得精力上顾不过来。结果再三推辞仍然不行，举手投票我还是票数最高，但我从心底里仍然不愿意干。当时我的身体状况远不如现在那么好，心脏搭桥没过多久，身体还未完全恢复。但有人说："选举好的班长不能变动，你必须干。"其他很多人也说必须尊重投票的结果。

本来我也真没把这个班长当一回事，想只要召集大家每年开一次会，过一两年就让别人去干了，但我见大家那么认真那么严肃，也不由得深深为这种气氛所感染，觉得这是一个责任，有了责任就要好好经营，要为大家真真正正地做些什么，贡献些什么。大家接着让我发言，我对大家说："既然大家选我当第七届三弦同学会的班长，那我就尽我最大努力干好。"

选完班长的当天晚上，我感到了肩负的重任，不由地有了心理压力。那天晚上我几乎没怎么睡着，我思来想去，觉得前六届班长每年最多组织大家聚会一两次，而老板们大多数都很忙，没时间参加，如果组织不好的话，最多再办一两年，同学会就举办不起来了。包括我以前参加的清华大学、北京大学、党校的班也是如此，同学会组织了一两次就不了了之了，大家觉得无聊，且没时间去，到最后圈子越来越小，只剩下三五个谈得来的人小范围聚会交流，谈不来的慢慢就散了。因此我觉得三弦同学会如果按这种思路做下去的话

125

没什么意义和价值。我翻来覆去睡不着觉，一直在想要通过一个"事缘"把大家聚在一起，并且能长期聚在一起。在这个"事"上，我费了不少脑筋，这件"事"必须不是普通的"事"，不是墨守成规的"事"，而是一件与众不同的轰轰烈烈的事业。因为30多个老板，不是打电话给每个人每个人都能来的，不是让他们来开会他们就会来，他们凭啥听你的话？

正当我思忖这件"事"的时候，一个灵感突然从我脑海里闪过，我想到来迪拜之前我刚在西安谈好了一个项目，即"西安智慧国际中心"，回去就签。于是我打算把这个项目贡献出来，并通过项目成立一个公司，通过这个公司、这个"事"把大家凝聚起来。想到这个方案，我顿时觉得非常棒，因为通过这件"事"就能把我们班的学员们聚在一起，大家冲着讨论"事"一定会到场，可以说这件"事"就是一个将大家联系在一起的平台。想到这儿我的压力瞬间消失了，浑身上下觉得特别轻松、特别兴奋，兴冲冲地准备在第二天早上把这个想法和班委会沟通，如果班委会觉得可行、能做的话，我就真决定这样做。这时我脑海中充斥着对未来的美好梦想，更是兴奋不已，难以入眠。

经过了几乎不眠的一夜，第二天（2009年10月10日），也是三弦智慧课程的最后一天，当我们在迪拜帆船酒店吃早餐的时候，我兴奋地将自己的想法告诉班委会成员。我说："昨天你们选我当班长，给了我很大压力。我觉得如果像以前那样，一年聚一两次，尽管大家在一起会讨论三弦智慧，讨论人生，但最多两年以后人就聚不起来了。我的想法是成立一个公司。正巧我在西安有个项目，投资不大，5000万元，一年到一年半之后预期利润为1.5个亿。我保证，如果赚不到1.5个亿我赔给大家。"仅通过这两天的接触，大多数人对我还不了解，只知道我是做房地产的，也不知道做的是什么房地产，因此我必须对大家有个承诺。我把这个想法在小范围内公布后，大家都说这个主意好。中午是大家聚在一起的最后机会，一定要在中午吃饭时把我的这个想法告知全班同学。

大约上午九点多到了沙漠酒店，上完课后午餐时分我把七届三弦同学会的新训学员全部召集起来，在沙漠酒店的大阳台上，开始了我们的会议。我说："我们要成立一家公司，做一份事业，把大家的心联系在一起。"结果大部分人都响应，纷纷踊跃发言，发表自己的意见。总的来说，80％～90％的人赞同，少数人不赞同，他们说以前在党校和 MBA（工商管理硕士）班上，也有人发起过成立类似的公司，但最后都不了了之了。当时大家都很不熟悉，因而无需顾及面子，都有啥说啥。有的人说这个项目是否有可行性报告；有的人认为大概这个项目缺乏资金，想通过这个方式集资，把大家的资金拿来干自己的事；还有的人怀疑这个事是否能成。当时大家都直抒己见，发表了各种看法。

我当时没太在乎这些反对意见，因为我坚信这件事的初衷是好的。我当时就说了一句话："如果一年半到两年之间这个项目赚不到 1.5 个亿，那我把 1.5 个亿统统赔偿给你们。""从你们签字起，我就赔 1.5 个亿，我用我的人格来担保。"当时我只是从内心深处想把我们这批学员聚在一起，以后再谋求别的发展，仅是出于这样一个心底的简单想法。结果当场有 28 个人签字，约定组成一家公司。我顿时感到信心倍增，因为一下子就有 27 个人支持我，我感到这件事一定能成功。由于这家公司的构想源于三弦课堂，后来就把这家公司取名为"三弦国际投资集团有限公司"（以下简称"三弦国际"）。

2009 年 11 月 11 日，在北京西苑饭店，我召集了董事会、监事会全体成员以及股东代表，召开了三弦国际第一次非正式的股东大会。会议从晚上 8 点一直持续到第二天凌晨 1 点多，主要探讨了公司的章程，并正式确定了公司的董事会和监事会成员。11 点 11 分董事会、监事会成员全体完成了签字，这样正好形成了 8 个"1"，这 8 个"1"组成了一个具有历史意义的时刻。

2009 年 12 月 11 日，国家工商总局正式为我们颁发了工商营业执照，我们打入 1 个亿的注册资本。这标志着三弦国际的正式成立，我们将总部设在北京金融街。同日，仍是在北京西苑饭店，我们召开了第一届正式的股东大会。

三弦股东参观万绿农业生态园

2009 年 12 月 29 日，我们正式签订了三弦国际收购陕西天际房地产有限公司所有股权的协议。截至 2011 年 9 月，我们正式接管西安智慧国际中心项目 1 年零 9 个月。第一批已实现销售额 2.16 亿元，高于预期利润 1 亿元。2.16 亿元只是商场这部分，还不算写字楼和公寓。西安项目的成功给大家增添了信心，也奠定了三弦国际快速发展的基础，而我也自愿让出了 1 个亿的利润，但这 1 个亿给我带来的价值远远超过了金钱本身，大家从心底里了解了我建立这个公司、把大家聚拢在一起的用意。对我来说，意义在于我再一次找到了事业。

生意人·企业人·事业人

我们那个年代的创业家的完整人生一般有三个阶段：生意人阶段—企业人阶段—事业人阶段。"生意人阶段"就是要赚钱，生存下来；"企业人阶段"开始有意识地经营各种资源，尤其是团队；到"事业人阶段"才算是找到了生命的意义。这三个阶段不是所有创业家都能走完的，很多人一辈子是生意人。

还有些企业家就是像我一样，达到一定阶段以后，找不到新的激情开创新事业，激情熄灭了，再也不会自我点燃了。人一旦觉得赚钱的乐趣减退，就没了动力，不能持续了。这种现象在全国都普遍存在。有的老板赚几个亿，有的老板赚几千万，他们都从不同程度得到满足，于是就都萌生了退休的念头。

许多老板在事业做到一定规模，觉得自己功成名就后就失去了奋斗的目标，就只想着去周游世界，享受后半生无忧无虑的日子。在享受完之后，他们就陷入了深深的迷茫之中，对赚钱不再感到兴奋，对一切不再感到兴奋，犹如一颗熄灭的火种，人生这时就"熄灭"了。我萌生了成立三弦国际的想法后，这个想法犹如一把火，重新点燃了我，又犹如一盏明灯，及时为我指明了方向，使我认识到自己还有很多潜能和热量没有发挥。我的创业激情这次被真正引爆，自己仿佛也返老还童，身轻如燕，自己的下半生又投入到一番轰轰烈烈的创业中去，得到尽情燃烧。

当在迪拜三弦智慧课堂萌生的三弦国际想法落地后，我沉淀了20多年的企业管理方面的经验教训，以及房地产业实战操作经验，都一一在三弦国际这个平台上被点燃了。虽然成立公司后我在体力上累一点，但在心理上一点都不累。因为大家都知道不是为了个人目标而做事,三弦国际是大家的,所以大家心往一处想。别人都说:"妥总,您怎么干劲越来越大,思维越来越敏捷了?"这都体现了我从"熄灭"到被真正"点燃"的身心所发生的巨大变化。从1993年到2003年我仅具备买卖人思维,只想着赚钱;从2003年到2009年是企业人思维,具备一定的社会责任感;从2009年到现在是事业人思维,做一份事业,有一种使命感,我要把三弦国际真正做成社会的企业。

自己被完全点燃的过程是要把企业从个人的做成大家的,只有这样企业才能生生不息。可以说原来我已达到了事业上的成功,得到了财富欲望的满足,但以2009年为拐点,我将我的后半生燃烧在三弦国际这个新的平台,全身心为一份有极大价值和意义的新事业奋斗。在具体"燃烧"上,我首先做到了财力的"燃烧",自己至少交了1亿元的利润给三弦国际,交给了大家;其次是精力上的"燃烧",我把自己的房地产项目放下,让它实现自动运转,而把90%以上的精力交给三弦国际,这远远不能用金钱来衡量;第三是心力的"燃烧",我的阅历(包括经验教训)、智慧、激情、梦想都交给三弦国际。正是这种"点燃"、"燃烧",使我在工作量是原先四倍的负荷下仍保持比原来更有活力、更绽放的精神状态。而三弦国际这个平台也把我和大家推起来了,不"点燃"还不行,每个人在这里必须充分"燃烧"。我在这个平台上也将生生不息地"燃烧"。

我们这一代的"点燃"

客观地说,我们这一代老板早年致富是沾了国家政策的光,正好赶上改革开放,环境为我们创造了机遇,我们也捕捉到了机遇。一开始我们都是为了实现财富欲望赚钱,也会有些不择手段。这一代企业家90%在原始资本积累阶段都不可能完全按照既有的规则赚钱，各种变通方式都有，1997年以后才慢慢规范起来。

我们这代人的优点是勤劳，能吃苦，有机会就去抓，也可以说是敏锐。我觉得我能抓住机遇、捕捉机遇，我感觉我在这方面有灵性。到广东来，我就捕捉了机遇；2003年成立房地产公司，我又捕捉到了机遇。只要有信息我就紧跟不放，可能有些感觉是天生的，想到了就做。

我们这代人的缺点是多数人眼光短浅，90%的人还停留在生意人思维上，没有企业人思维，更没有事业人思维。如果不懂得联盟，不作思维调整，可能仅是多赚点钱而已，企业不会发展太大。我们这一代人可能在未来10年要消失掉一大半，像我这个年龄的企业家，很多已把公司交给第二代，但我觉得这也不是个办法。把资产交给后代了，第二代如果能支撑这个企业是件好事，但如果不能支撑这个企业的活，那对他来说是有害的、痛苦的。

因而，要继续发挥好我们这一代人的优点，并规避我们这一代的缺点，这就需要一种新的商业模式。三弦国际这个平台不失为一种处于探索期的新的模式，符合时代背景，符合广大中小民营企业家的利益。这个平台让广大中小民营企业家联合起来，大家共同为了一个目标而做事。我一直觉得做三弦国际的意义和价值大于以前我做的所有事业的价值，这种价值和金钱毫无关联。三弦国际的赢利不是为了股东自己，而是为了推动社会发展。对于我来说，我不在乎三弦国际给我个人带来的财富多少，而是我的想法能在公司里落地，由此带来的特殊意义和给社会带来的价值。我们提出的"聚众人之智，成众人之事"的理念，实际上，就是想通过这个平台把中国民营企业家联合起来，实现民营企业家的共赢。

这两年来我们董事会成员都没拿工资，我们打算自2012年开始市场化。2011年10月11日，董事会决定各董事把原来自己的公司都放下,重新开始创业,把自己完全交给三弦国际。董事会成员一致表态认可。这样会给公司带来不可估量的价值和能量,因为他们在前半生积累了丰富的企业经营经验和财富。大家把钱、心、项目都交给这个平台,即把整个人都"点燃",我相信三弦国际不可能做不大。如果300个老板都这样,可以想象公司有无比光辉灿烂的前景。我一提到三弦国际未来的发展,顿时会精神抖擞,尽管我之前身体不好,组建三弦国际后我的工作量是之前的四倍,但我的精神面貌还是比之前好得多。我觉得三弦国际有可能给中国民营企业家创造一个范本,开辟一条新的民营企业发展之路。

目前中国民营企业家没有被完全"点燃",还有很多东西没放下,如若完全"点燃"的话,每个企业家也会变得轻松。

为什么是"三弦"

三弦国际得以建立的命脉有三方面。其一,解决了企业家的一个共同问题:在各自企业里玩得没意思了,在一个新的平台上一起玩,一起做点有意义的事才有意思。其二,联盟以后社会资源都能对接了,这就是融资、融智、融天下。其三,能实现股东的愿望,大家都觉得后代不应该孤单地工作、生活。这几个核心点都迎合了企业家的共同心声。

别看创业家风光,其实赚钱很累,往往心力交瘁,压抑了很久,心里有很多话想说。财富欲望已满足,但社会价值没有实现,没有社会尊严,没有一个舞台让他实现话语权。三弦国际这个平台能满足他们的尊严感,实现他们的事业梦想。

人的财富连接是暂时的,而思维点连接是永恒的,它会延续下去,因而人的思维点远比财富连接更重要。一旦思维点连接了,财富连接是顺带的事。对于做企业来说，当然需要赚钱来打下经济基础，但形成了一定经济基础后需要思维点的支撑。而三弦国际不仅提供了一个财富连接的平台，更提供了一个思维点连接的平台。纵观历史，宗教并没有使财富连接，但却生生不息，而财富连接只能在某个时代维持。从迪拜沙漠酒店 28 人的签字，到宁夏 9 个股东的加入，再到 11 月 11 日的股东大会，其中所体现出的思维点连接的力量，引发了我另外一个思路，即要把众人的能量凝聚在一起。我体会到大家一起做事与一人做事的爆发力是无可比拟，因此一定要把三弦国际做大做强，让大家感到投资三弦国际是有价值的，不光是在物质上的价值，更是在精神上的价值。

　　在我们三弦国际，除了少数和我打过交道的宁夏、广东股东，其余股东均以三弦智慧课程学员为主。因而我认为三弦国际最有意义的就是我们大家所接受的信

> 　　要了解一个人，只需看他的出发点与目的地是否相同，就可以知道他是否是真心的。
> ——思八达观点

息、思维点得以连接，或者说我们"同频"。别人会问我，你管理那么大的公司，会不会很累。我说不会，反而我比以前更轻松了，这正是因为我们大家都"同频"。我每次开董事会，只要把我的思维点阐述出来，立刻就能得到大家的共鸣。大家都明白彼此是为公司的发展着想，而绝非出于个人利益考虑。到目前为止我们开了 3 次股东会、15 次董事会，没有一个股东提出反对意见。我觉得自三弦国际成立后这两年间我做的事的价值，大于我前半生人生价值的总和。一个老板做事业到一定程度，有了一定财富积累后往往会对他的事业没兴趣了，而在三弦国际这个团队中，原本已经"灭"了的老板重又"活"了过来。大家推着彼此向前走，由此每个人都肩负着一种使命感，从而升起一种持久燃烧而无法熄灭的激情。

人生的两大"望"：欲望和愿望

我认为人生有两大"望"：欲望和愿望。在财富欲望上，大家可能能实现，而愿望则不然。例如我很早就觉得财富欲望满足了，但很难说我实现了愿望。两大"望"同时实现更不容易。

若愿望是子女继承企业，这个愿望不一定能实现，或者最多实现一代，第二、三代就不一定能实现。这其中有几个因素，其一，子女不够优秀；其二，社会给他的压力太大；其三，他没奋斗的动力。但在三弦国际这个平台上，子女能继承股份。如果子女很优秀，就可以在这个平台上无限地发挥他们的才华。若子女对做企业不感兴趣，那就只做股东，到第二、三代时再来继承，在这个平台上财富欲望也能实现，且股权增值潜力非常大。如果你的愿望是在全国各地开酒店，只有这个平台能够让你更快地做到。我以前也想过这件事，但是觉得做不到，而现在我有信心通过三弦国际这个平台完全实现。这个平台有无穷的力量、广阔的社会资源和雄厚的资金实力，更有高智商的团队。它存在的意义也不仅仅是赚钱，而是为社会带来价值。

这个平台解决了"富二代"问题。以往"富二代"存在很多困惑，老板们把事业交给他们不放心，把钱交给他们也不放心。在这个平台上，如果他们愿意做事则可以去做，不愿意做的话，他们的财富放在这个平台上也有人帮他们打理，因而从个人角度解决了实现"两望"的问题，同时也给一批想创业的人提供了机会。

除此之外，三弦模式还为突破我国目前民营中小企业遇到的瓶颈提供了一种参照。通过这个平台可以看出很多值得社会、值得国家思考的问题。三弦国际的价值不单单是成立公司的价值，它会对社会产生影响，会对改革开放 30 年这个节点的民营企业下一步路怎么走产生影响，还可能会给中国带来某种探索之路。为什么会有那么多人选择加入三弦国际，也是他们意识到了这个大方向是对的，即必须实现民营企业的强强联盟，包括思维联盟、境界联盟、价值联盟，这是中国民营企业的必经之路。而这种联盟不能以个人为主导，必须做成大家的公司，否则也很难成功。

　　回顾我的创业史，可以说 2003 年之前完成了资本的原始积累，实现了财富自由。2003 年在"玩"的基础上第二次创业，但我并没有被完全"点燃"。虽然别人将其定义为"二次创业"，但我没太大的感觉，只是感觉财富积累多一点。尽管 2003 年到 2009 年间我的财富积累是之前的几倍，但我仍感觉不到丝毫兴奋。可以说，2009 年的我"熄灭"了，已经不想再奋斗，不想再拼搏，人生失去了目标和意义。而此时，三弦国际构想的萌生重新点燃了我。三弦国际的成立，才可以说是我真真正正的创业，从此梦想真正开始起飞，激情真正开始燃烧。这个平台不仅引爆了我，也引爆了大家，并把大家凝聚在一起。我们有理由共同期待一个更美好的明天。

点燃的智慧

1996 年,英特尔公司董事长安德鲁·格罗夫出版了风靡一时的管理畅销书《只有偏执狂才能生存》。在这本书里,格鲁夫提出了"战略转折点"这一新概念,他认为:"战略转折点是企业根基即将发生变化的那一时刻。这个变化可能意味着企业有机会上升到新的高度,但也同样标志着没落的开端。"这里我们更想说的是,综观所有创业家的发展历程,内心的战略转折点同样惊险。

创业的激情并非一劳永逸的事情,就像性能再好的汽车如果不经常保养,也有熄火的一天。很多创业家迟早会遇到这样一种情况:由于长期处于体力和精神的透支状态,当财富积累到一定程度时,会在某一个突如其来的时刻,瞬间产生一种失重的感觉。这种感觉其实是个危险的信号。

这种状况表明,你的创业动力已开始显露枯竭的迹象,甚至开始对创业的后续意义产生怀疑,这些都是成熟的代价,但同时也是心智尚未完全成熟的表现。事实上,创业动力的枯竭并非空穴来风。创业本身的残酷性,以及环境对个人心理的微妙影响,极易使人失去目标感。

妥云的创业经历非常明显地体现了这一点,即怎样为自己的心灵"续航"。对于有着长时间创业经历的人来说,是非常渴求这一答案的。

但是问题常常在于,当创业激情之火归于泯灭时,如果此时没有来自外界的力量,重新点燃内心的激情,那结果可想而知。反过来,即便是外界的力量很大,但是创业家内心的大门紧紧关闭,那么同样难以重新点燃激情。应该说,点燃,是内外力量相互交织的结果。

　　现实中创业的激情之火渐灭的原因一般由几种情况导致:第一,财富的满足使创业家的进取之心日渐衰减;第二,日复一日的重复性工作、激烈的市场竞争,以及战略上的困惑,使创业家看不到未来的图景;第三,原有的思维方式、经营理念受到空前的挑战,自我革新的欠缺使事业已触及天花板;第四,也是更普遍的一点,创业家自身的精神已无法支撑事业的变化。

　　妥云创业精神之火一次次地熄灭,又一次次地点燃。这与中国当前的民营企业家所处的状态密切相关。在商业的沼泽中艰难前行的创业家们,付出了激情与心血,但是却没有获得相对应的尊严感,在夹缝中生存的他们,在经过长时间的打拼后,往往会叩问自己的内心:"我还要继续干下去吗?"

　　有时候,当一个人开始质疑创业的意义时,并非总是一件很糟糕的事。换个角度看,这也可能意味着一次全新的生机。这种自我变革的可能性就潜伏在你的门外。如果你掌握了点燃的智慧,之前多年所累积的能量将转化为几何级数的爆发力,而不再是听命消极意志的引导逐渐下沉。

　　要掌握点燃的智慧,你必须思考:创业最终是为了什么?是为了名吗?为了利吗?还是为了生命的存在?创业的意义到底在什么地方?那些正困扰你的情绪背后的真相到底是什么?你已经定型了吗?这些问题就像哈姆雷特的著名台词一样:"生还是死,这是一个问题。"但要相信,只要你仍有一丝延续创业生命的希冀,并相信生命在于创造,那么你的熄灭不过是一次新的契机。

　　当然,点燃不是美丽的想象,也不是心有所想就可以做到。点燃的途径必须做到以下几点:重新建立对事业的理解,放大你的视野,从最大化实现个人价值的角度出发去探寻创业的意义;借助内求的智慧重审生命的意义,再一次发现"另一个"存在的自己,找到注入新事业的感觉和激情;提升个人的情怀和境界,从一个生意人上升到企业人的层次,重新思考个人所担负的责任;找到新的事业通道或方式使自己建立全新的连接,没有新的连接载体难以真正被点燃;重新思考企业经营战略,抓住企业更新换代的战略性机遇,必要时要敢于做事业的减法。

妥云他们一起成立了三弦国际,在运作的过程中,他们又一次体会着创业的激情。身体更加地劳累,但心灵却无比地放松。从本质上理解,"点燃"是创业家个人精神成长、自我重塑的一种体现,"点燃"不会拒绝任何人。"点燃"的智慧将再一次唤醒你,一个你从未遇到过的自己。请相信,你既有的能量将成就另一个你。

自我点燃的创业家将不再困惑于创业的意义,内心的图景将再次清晰,生命的活力将再次迸发。

第五章

朱光葵：企业家是一个转化器

朱光葵

创业家素描

　　即便是第一次接触朱光葵,他也会给人一种像是老朋友的感觉。朱光葵说话声音不高,带有一些湖南话特有的婉转音调。看得出来,他很享受和各路有见地朋友的交流,这俨然已成为其简单生活中的一大爱好。不讲话的时候,朱光葵总是笑眯眯的,往椅背上一靠,认真地听对方讲。放松的时候,他喜欢和公司员工一起聊天,哪怕是最基层员工的话,他也会仔细听完。

同样，朱光葵也是一个重情义、重承诺的人，这一点或许与他的成长背景有关。朱光葵生于"文化大革命"开始的 1966 年，在湖南湘潭一个传统家庭中长大，祖父是乡村医生，家风严正。他创业于 20 世纪末，时间并不算长，但他创办的企业——湖南时代阳光医药有限公司的发展速度令人瞩目，长沙城里便有一条"时代阳光大道"。

大学毕业后的朱光葵在一家国企工作。他喜欢交朋友，经常组织业余活动。有两件事直接刺激了他创业的想法：一件事是由于常和朋友联络，办公室每月的定额电话费不够，自己要贴钱；另一件事是，有一次他在商场里看中了一双 25 元钱的皮鞋，却舍不得花这个钱。很快，他就辞职了。

朱光葵是学理工科的，家族中并没有经商的基因，他带着两个原单位没什么事做的转业军人开始了走街串巷。出人意料的是，朱光葵很快就显示出了与人交流、沟通的天赋，开局顺风顺水。实际上，在他温和的外表下，也隐藏着果断、快速行动的风格，而且充满了理想主义激情。

作为一个创业家，朱光葵善于整合一切有价值的资源。创业不久，尽管面临着资金不足的困难，他还是下定决心，收购了一家制药厂，因为他看准了这家药厂的驴胶补血颗粒产品。2000 年，时代阳光旗下的第一家零售药店开张。2001 年，时代阳光在长沙市雨花区购地 50 亩，建设集团总部和药品物流基地。2002 年，永州市辉煌一时的老国有企业湖南省零陵制药厂濒临倒闭。朱光葵意识到这是时代阳光大发展的绝好机会，于是突破层层阻隔，克服重重难关，实施"两个置换"，组建湖南时代阳光制药有限公司（以下简称时代阳光）。就在这一年，时代阳光基本形成以制药、批发、零售三大板块为基础的经营结构。至此，时代阳光实现了创业初期的首战告捷，进入一个大投入、大发展的新阶段。2003 年，时代阳光在永州市购地 100 亩兴建药品生产基地。同年,时代阳光控股养天和大药房,并将旗下的零售药店整合,组建湖南时代阳光养天和大药房连锁有限公司。

谈到自己的创业史时,朱光葵更喜欢谈企业的文化、使命、愿景和运行机制。他反复强调,时代阳光文化的关键就是一个"正"字,他相信无论是一个人还是一个企业,只要起正心,动正念,走正道,就一定能长大。实际上围绕着这个"正"字,今天的朱光葵已初步建立起一整套自己的经营哲学。在他的诸多观点中,我们不难察觉东方文化,尤其是中国传统文化的影子。

更难能可贵的是,朱光葵对中国的现实环境始终有着清醒的认识,他不会为那些暂时的现象所迷惑。正如他自己和企业的名字一样,这些年来,他一方面带领企业高速成长,一方面试图建立一种中国企业所应有的经营哲学。而正是在这种修炼中,他自身也日益散发出人格之美。

创业自述

找比自己能干的人一起干

一般来说,一个企业从几百万做到两三个亿的规模期间,发展的动机是"纯粹的挣钱",在这种动机驱使下做企业,是"越做越累"。

这个阶段企业所有问题和自己的"累"都源于个人本身的问题,我也是如此。那个时候,我深刻地意识到,必须转变,必须慢慢从具体的业务中超脱出来。

> 为什么很多创业家长不大,因为他们就只是想脱离贫困,所以当他们脱贫了,劲就没了。放眼看世界,伟大的企业没有一个是因为追求利润最大化而成为伟大的。所有世界大企业之所以能成为一流企业,从创业刚开始就没有一个是只想赚钱,结果他们反而成就大业!
>
> ——思八达观点

而这个转变的过程是非常艰辛的。

下海之前,我在机关工作的工资一个月只有两三百块,我这个人呢,平时喜欢联络朋友,大家经常出来聚聚。那个年代电话费高得惊人,跟工资完全不成比例,每个月工资扣除超出单位规定的话费,所剩无几,真是囊中羞涩啊!印象深刻的是,有一次想买一双皮鞋,价格是 25 块,可当时的我连这点钱都掏不出来,心里不由得在想:"这么窝囊,不如创业算了。"

原来我对干商业、做企业一无所知,我在学校学的是化学化工,属于理工科,完全没什么经济意识。刚毕业分配的工作也是在一家化工厂里,后来机缘巧合,有了一个机会,进了湖南省医药管理局。在医药局我接触了众多的医药产品、医疗器械,这也成了我后来下海创办药品代理公司的直接原因。

144

创业之初，正是全国国企改制风生水起的阶段，只是医药行业相对滞后一些。但是医药国企的改制一定是大势所趋，湖南很多药品、保健品都会走上代理模式，我知道，这是一个大趋势。

看准了这一点，我就开了一家药品代理公司。刚开始，公司很小，只有"三杆枪"，我一个，另外两个人是部队退伍下来的。于是，我们就开始骑着自行车大街小巷地跑销售，做业务。我出去跟人家谈的时候就可以描绘未来，告诉客户我们将来要做什么事，要代理什么产品，描绘美好的发展前景，从而打动客户，得到他们的支持。

我自己扮演一个业务员的角色，去第一线做销售、谈判，太耗精力了。常常请人吃饭、喝茶、喝酒、唱歌，或者到人家家里，太累了，一个人的时间和精力都非常有限。我后来渐渐感觉，应该要找一些人来一起做，这样我自己才能超脱出来，去做些别的更重要的事情。所以，这个时候我就意识到，要做企业就要招些人，凡是在企业里别人能做的事情我就不去做。

作为一个老板肯定有很多事情不懂，但是总会有人懂。一定要找比我能干或者在某方面比我有资源、有能力的人来，大家一起干。很多老板希望自己样样都懂，于是不惜浪费时间、精力，什么都学一点，那就完了，"半吊子"必定误导员工。比如我和员工一起学习，但是我不懂怎么站在员工的角度去落实所学的东西，因为关系到大家的切身利弊，他们肯定都比我懂，我就让大家都来参与制订规则，共同体验、提升，所以落实得很好，并且在过程中不断地完善。

作为一个创业者，一开始其实是很盲目的，当时只是简单凭借直觉进行判断，什么好做就去做，什么好谈就去谈，每天做的事情主要就是谈判、销售、公关，其他事情也

> 所有的创业家经营一个行业，就是经营人。行业和产品是媒介，是靠这个媒介把一群人组合在一起。
>
> ——思八达观点

没什么概念。做了第一个产品，就迅速挣了几十万，第一件事就是

买一辆车,后来又买了房。

最开始认识到做企业光靠自己一个人是不行的,那就只是一种感觉,觉得做事情就应该靠更多的人。创业初期的成功除了个人的努力勤奋,更重要的原因或者说是方法,那就是我到一个地方去销售,就是去"挖人",即使很多时候明明知道他们不会来,但我的目的主要是为了得到他们的支持。那时候我面对的客户,大多是国企的人,工作很稳定,对于我们这种只有几个人的小公司,马上就拒绝了。尽管那时候成功率很低,但是我们用挖人这个方法表示了我们的诚意。因为每一个被挖的人都会感觉很好,就好像每一个被追求的人感觉很好一样。

现在挖掘人才就更加有的放矢了,已经变成是企业发展的一个重要战略了。

对于一个企业家来说,要保持旺盛的激情,顺势而为,首先要抓得住自己。就是因为对自己把握不好,很多企业做着做着就销声匿迹了。一直到2002年,时代阳光有些像那么回事了,员工大概到了三四百人,以医药代理和销售为主要业务,开了两个药店,收购了一个小药厂,一个企业的雏形就已经基本呈现出来了。

"我的电话号码为什么没有8"

2002年,时代阳光发展虽然是实现了初步的成功,但其实已经开始进入一个发展相对迟缓的状态。后来的几年,人数不断增多,规模逐渐扩大,我发现自己的把控能力、驾驭能力渐渐跟不上了,自己的想法和胸襟,也出现了很多问题。

这样的情况一直持续到2004年,这是企业发展的一个"阵痛期"。在这个阶段,我们企业上了一定的规模,做了很大的投资,建设厂房,收购药厂,但是管理很松散,是"大发展、大投入、大混乱"的时期。

这段时期里,人事的变化特别大,表面上看是一个大企业,但是内部的症结很多,虽然规模上从一两个亿发展到了三四个亿,但这一切都是表面现象。

我心里最大的纠结就是,公司的领导太多。企业规模是一下子变大的,分公司突然多了,业务板块突然多了,很多人和事都不在自己的掌控范围内了,有些合伙人、高层就是在这个时候离开的。

为什么呢?主要还是因为人。那时,时代阳光生产、批发、零售三个板块的业务基本形成,很多领导来自原来的国有企业。问题就在这里,企业变复杂了,变难搞了。

每逢开会,领导们很难全部到齐。有一次开高层会,竟然一下来了十几个副总,当中很多人我都不太熟悉。我们的圆桌会议室,处于长期坐不下的状态。

员工也是来源于多种渠道,比如并购的旧国企、连锁零售机构、其他药店等。怎么和这些人相处,如何调动他们的积极性,我一时感到很纠结,方方面面都出现了很多问题,理念上、管理上的冲突时有发生。

我个人面临的最大的问题就是,面对这么复杂的人员构成,辨别力有限,很多人后来表现出来的并不是自己原来看到的那样。

当时,有一位副总,对事情常有意见,常常一两句话没有对接好,就转身扬长而去。这种情况经常发生,矛盾交错。我每天都要处理各种琐碎的问题,车子的问题、费用的问题、待遇的问题、办公室的问题、住房的问题等,就连一个电话号码都会有问题。因为在国企养成习惯了,有些公司领导抱怨他的电话号码为什么没有"8"。

每天要处理这么多人的各种各样的问题,要跟这么多人打交道,很累,比起初自己做销售员要累得多。

这个时候企业的情况就跟一个大国企一样，集团式的管理，所有的人、财、物都集中到总部，机构臃肿。

我本来就是因为痛恨国有企业和机关的那种作风，才离开那里的，而现在我这里也变成这样了，不是搞回去了吗？这样下去企业必然面临瘫痪，所以，必须要改革，必须要缩减人员。

于是，在2004、2005年我们进行了集中改革，按照我的思路把问题一个个铲除，现实与理想的差距一步步缩小，权力该下放的下放，该分的分，该调整的调整，该改革的改革，该招人的招人，该离开的离开。

我这个人做事向来都是力度比较大，看准了就推进。很快局面就改变了，这次的改革是很成功的，基本上没有带来什么意见。无非就是在改革的过程中吃点亏，只要能够保住基本的团队、结构，留住客户就行了。现在回想起来，还是觉得很有成就感。

2006年，相对来说企业已经调整到位了，随之进入了一个全身心打造品牌、提高核心竞争力的阶段，这个阶段，团队成长相对稳定，几个板块也处于比较良性运营的状态中。

因为这次调整，时代阳光发生了根本的变化。业务发展比以前快得多，自我培养的团队得以成长，品牌有了提升，流程得到简化、再造，方方面面都有长足的发展。在团队培养方面让我感触最深，这个时候国企、机关背景的"老人"已经比较少了，而内部招聘来的人越来越多，团队趋于年轻化。作为一个几千人的企业，虽然这个阶段公司发展还没有"打开"，但公司内外对我们的感觉都比以前好多了。

当然，发展还是遇到了瓶颈。无论是我个人，还是团队，都出现了一些新阶段的矛盾。表面上看是很和谐的，实质上大家的心没在一起，大家做事情还是缺少了一种合力，比较习惯于为自我、为自己的部门、为自己所在的业务板块的利益着想，人心还是比较分散的。

大家的心没有打开，没有全身心地交给这个平台，所以显得自我、自私。包括我本人也是这样，在本质上没有打开，还是自私了一点，这不光表现在利益分配上。只有真正发自内心地帮助别人、成就别人，把别人的幸福快乐等同于自己的幸福快乐，才叫真正的打开，才是不自私的表现，这个方面我做得还远远不够。

改造、修炼自己是永无止境的。

境界上去了，问题就下来了

企业的发展一定要由内而外、由下而上，外因是变化的条件，内因才是变化的根本。一个企业真正的改变，一定是从老板开始的，虽然这看起来是一个矛盾。

很多人不明白一个道理，其实做企业，做着做着，就不是为了自己个人了。中国现在的问题就是有这种认知的企业家太少了。

有什么样的企业家，就有什么样的企业。我一直认为，一个伟大的企业，一定是因为有一个伟大的企业家。有一个伟大的企业家才会有一个伟大团队，才会孵化出一个伟大企业。

一个老板自己没有打开，没有梦想，没有境界，不可能孵化出一个有境界、有追求、有未来的企业。有伟大灵魂的企业家，才会有伟大灵魂的企业。否则，就算在某个阶段有良好的发展，那也是因为这个阶段正好契合了一些规律，这种发展是短暂的、不可持续的。

我常常说一句话："一个人境界上去了，问题就下来了；境界下来了，问题就上去了。"生气、焦急的原因都是因为境界不高，生气就是拿别人的错误来惩罚自己，这又何必呢？我一般很少生气，一两年都难得生一次气，以后就更难得生气了。遇到解决不了的问题先放下再说，达到一定境界以后这个问题一定会消化掉的，有的时候一转身就有办法解决了，没必要纠结。

　　企业的发展、壮大都是有它的根本原因，有它的必然性所在，有一定的战略基础、理论依据的。一个企业要有好的发展，一定要与历史、社会发展的根本规律吻合，这样它才长得大。发展一方面源于企业自身，要么是有意识地规划，要么是无意识地在一定阶段契合大势，而后醒悟并不断修正；或者另一方面是有他人的指导、引领，比如团队里有那么一两个人有这样的影响力。所以说一个企业的内核往往是很简单的。

> 学习的最高境界就是学会分享，使别人成长，温暖整个世界。老板的死穴之一就是，用家园思想活在全球时代。
>
> ——思八达观点

起正心，动正念，走正道

　　一个人、一家企业，做事起心动念一定要"正"，起正心、动正念、走正道，一个人才会成长、一家企业才会长大。为什么说三岁看大呢？就是因为，如果一个人很正，从小显示出来有目标、有抱负、有理想的状态，就会成长得好。

　　人、企业、自然界万事万物都是这样的，必须以"正"为根本，比如一棵树的树根歪了，这棵树一定不能茁壮成长，一定不会长成枝繁叶茂的参天大树。本着"正"去做事，可能会受到一些风吹雨打，但是只要这个"正"的根基没变，就一定能够做大做强。即使被挫折打倒了，也能从头再来、东山再起的。

　　当然，能做多大，还跟时代背景和个人运气有一定的关系。但是做人、做企业，不怕小，就怕不正，一个再有本事的人，做一些违法生意比如搞传销，躲躲闪闪，对社会没价值、不能给人带来幸福，这种对人没有帮助的产品肯定不能长久，这样的企业怎么可能做得大？

一个人如果不"正"，特别是一个做企业的人，最多最多能挣点小钱而已，也许能过上物质富裕的生活，但精神上不可能很富足，不会拥有真正的幸福愉悦，企业也不可能成为百年企业。

有了幸福感，精神饱满，心情愉悦，根本原因就是起心动念很"正"。无数的东西都是由这个基础延伸出来的。

"正"首先代表了信心。自己有信心，团队有信心，就会有一种内在的能量释放出来，给人一种安全感。

安全感就是"正"的第二层含义。团队为什么会跟随老板？就是为了寻求一种安全感，因为人们对安全感的需求是第一位的。如果一个老板没有起正心、动正念，无法给人带来一种安全感，别人为什么跟随你呢？

"正"的第三层含义是公正。一个团队不患寡而患不均，人都需要一个公正的平台、公开透明的环境，才会觉得有机会、有干头、有能量，愿意在这个平台上表现自己、绽放自己。如果不公正、不透明，总是暗箱操作，就不可能培养起一个高效能的团队。

"正"的第四层含义就是严。"名利要宽、是非要严"，这个标准非常简单，就是对名利要看得淡一点。做到绝对公平也是很难的，出点小小的差错问题不大，因为机制本身就有问题，不可能做到完美，需要不断地试运行，不断地改进。但是是非一定要严。一个企业即使看起来制度很宽松，只要根本上很严，牢牢把握了根本，那就是一个健康发展的企业。

"正"，这个看似老生常谈、平淡无奇的字眼，给了我很大的影响。我常常放在心头思考的是，企业的发展如何能够真正为员工带来利益，为客户带来价值，为社会累积财富？

我们做企业是为了什么

做一个企业,不就是为了能留下一种文化、一种精神吗?很多人做企业总是一直绕不开赢利这个目的,其实赢利是一个企业的基本义务,这与回报社会并不矛盾。一个企业如果不赢利,那么毫无存在的价值。企业做小了、做垮了是自己的,而只有做大了、做强了才是社会的。

在这个世上真正能够流传下来的就只有文化、精神,金钱是带不走的。文化强则企业强。做一个企业归根结底还是要做文化,一个强大的企业就是企业文化的强大。

我本身对企业文化就非常看重,所以,时代阳光从成立的那天起,我们就很重视企业文化的建设。如果说没有文化的军队是愚蠢的军队,那么没有文化的企业就是没有希望的企业;如果说企业的短期发展靠机遇、靠制度,那么企业的长期发展就必须依靠强有力的企业文化来推进。这是当今企业界的共识,因为企业形象要靠文化来塑造,企业声誉要靠文化来传播,企业素质和市场竞争力要靠文化来提高。同时,在产品同质化趋势日益加快的今天,产品市场竞争力很大程度上取决于企业品牌效应,而企业品牌效应的大小,又很大程度上取决于企业文化建设的水平。因此,对于目标锁定在建设"最具幸福感企业"的时代阳光来说,企业文化这种软实力的打造,必须与企业生产经营同步发展,甚至还要先行一步,为生产和经营鸣锣开道。

此前召开的十七届六中全会就开始着重关注国家软实力建设和社会核心价值观的问题了。而软实力的形成,要比硬实力的提高难得多,用 10 年的时间搞建设是非常简单的,但是如果想用 10 年的时间让国人的素质有质的提升就很难了。可见，要做一个强大的企业是多么困难。如果连价值观都形成不了，团队的核心价值观、理念不能统一，精神境界长不大，就不可能有强大的企业。

但是政府制定政策以后是需要一些市场化的推手，来帮政府完成政策落实的。所以做一个企业要与政府的思维同步，同时，因为"正"的文化内核，是让客户、伙伴、员工都需要这个平台，这样大家就连接起来了，成为各种力量都需要的、能满足各方需求、能给大家带来价值的企业。这样的企业机会会很多，发展会很快，因为大家都推着走。这样的企业只要顺应潮流发展下去，顺应政府的思路、客户的期盼、老百姓的需要发展，时机一到我们必将横空出世。

改革开放初始，中国人没有做企业的经验，都是"拿来主义"，不知道到底哪些好东西能植入企业，并真正运作起来。我们通过做文化的方式，把做企业的过程真实记录下来，记录企业发展历史轨迹的同时，能对别人有所帮助。无论是好是坏，都是真实发生的事，只要对别人有借鉴作用，我们做的事就有意义。

作为企业，就应该要有企业的"精、气、神"，必须精神物质两手抓，而不是只有纯粹的挣钱动机。当两手形成良性互动，挣钱反而会比较轻松。未来，时代阳光能留下的就是"时代阳光"这个品牌和时代阳光所留给大家的精神财富，那就是我们"正道而行，唯善唯德"的思想，"正、爱、快、真"的理念等。很多年以后，没有人会记得一个企业的创始人是谁，也没必要记得，就像现在很多年轻人对毛主席都不太熟悉，但是他的精神思想，比如"为人民服务"，都会一直牢记在心，代代相传下去。

最后，强者恒强。这也是时代阳光的生存发展哲学。

这么多年，我们一直坚持着这样的哲学，我们这么说，也是这么做的。

2010 年 4 月，湖南第三大医院——郴州第一人民医院，举行湖南首家三甲医院药品集中供应竞标活动,有十来家公司参与竞标。我和医院领导在投标前只见过一面,我深入阐述了我们企业的价值观,我说:"我们的'魂'是让患者以最小的代价解除病痛,使他们享受健康带来的快乐,我们与医院的目标是一致的,我们共同服务的对象都是患者,只要有利于患者,我们的合作就是有意义的。"后来,时代阳光以最高分成功拿到了这个项目。

一直以来,时代阳光不惜零利润向湖南省基层医疗机构供应包括板蓝根在内的基本药物。市场上很多板蓝根因为用材低劣而疗效不佳,甚至有的企业用苹果皮制造板蓝根被媒体曝光。而我们用地道的板蓝根做原料,疗效确切,满足了百姓,同时得到了社会各界更多的认可和支持。所谓得民心者得天下,何愁企业不发展。

最近,有一个非常有潜力的农业项目,预计年产值达到百亿左右,股东有 370 个人。在众口难调的情况下,我之所以很快就能和项目股东达成一致,签订合作协议,主要是因为我将看得见的利益全都让给了别人。当很多人奇怪地问我为什么不把赚钱放第一位,我的回答就是:"我要的不是这些钱,我要的是未来的钱。"

其实,时代阳光要做行业内外的整合,这个都是很容易的事情,他人所需要的我们不需要,我们就按照利益最大化去满足他们的需要;而我们需要的,他们不需要,就按照正确的规划,把事情规划好,这样事情就很容易做成。

以人为本,相信人,爱人

我个人所接受的教育非常传统,从小家里对我的要求就很严格,我父亲、我的祖父……追溯再久远的过往,家风都很正。祖父是一个赤脚医生,给人看病都是病人能给多少医药费就给多少,实在没钱的家庭就不收费了。另外，我碰到的一些老师对我的要求也是同样的严格。所以我从小就不会说脏话。

做企业和做人一样，首先都要有一身正气，做对大家有帮助的事业，这样才能得到大家的支持，自己也会底气十足、信心满满，这样才有说服力。如果一身正气，做的事业又是对大家有帮助的，那么跟随的人、同行的人自然就多。同时，面对这样"正"的环境，容不下的人，无论是客户也好、伙伴也好，都是会主动离开的，甚至根本就不敢来，当然，我们也不欢迎这样的人。只有价值观一致的人才会走到一起，一起合作成就一点事情。

如果当地的人都认同这家企业非常讲品牌、讲正气、讲爱心的，做事规规矩矩，从不乱来，那么这家企业的品牌自然就"一传十、十传百"，传播到各个地方去了，就会有越来越多的人跟随、支持、保护你。各种资源都整合来了，各种能量都聚集起来了，各种人才都吸引来了，政府也大力支持，那么这个企业就不可能长不大。

特别是像我们从事医药行业的，更应该这样做。现在，我们时代阳光就是这样一个被我们当地的老百姓认可、拥护、支持的品牌，各种资源都在向我们汇集，各方力量都在拉动我们前进。

这样的势头正在时代阳光里日趋强大，因为我们是一个很正的企业，社会各界都需要这样的企业、这样的氛围、这样的声音，所以他们反过来推着我们、拉着我们动，企业就此生生不息。很多企业为什么做着做着消失了，就是因为没有与环境互动，偏离了根本，偏离了企业应该有的轨道。

往后，通过大家不断地传播，员工、员工的家人，客户、客户的朋友和社会各界，对我们品牌认同、心智一致以后，我们在"起正心、动正念"的前提下，事业会做得越来越顺。

做企业就是企业家要能吸引最宝贵的人才资源。跟任何资源相比，最宝贵的就是人才，人才是活的，是不会枯萎的，是生生不息

职能板块与业绩精英分享成功喜悦

的。个人之于团队，永远是渺小的，只有主动地融入，积极地去帮助别人，才能形成一股合力，才会攻无不克，战无不胜。

企业发展的核心问题还是人的问题，然后才是方向的把握。方向把握准，有基因、素养在，就能形成一个平台。平台有多大，就能吸引多少人。做一个企业就是创建一个品牌，打造一个平台，吸引各路高手到这个平台上来绽放自己，这样做企业何愁做不大。

虽然理论上讲人才是吸引过来的，其实真正的人才是必须去挖的。这件事情上要懂得人性的本质，一般中国人比较含蓄，尤其是文人，所以人才是要拿出"锄头"主动去挖的。现在社会各界有越来越多的有识之士加入到时代阳光的团队中。

一个是原拜耳医药保健有限公司中国总部大客户经理，在与我们的贸易往来中，感受到我们给客户带来的温暖、欢乐，感觉这种企业文化的力量，放弃全球 500 强的高薪工作，决定加入我们团队。他先后在两家世界 500 强制药企业里工作 10 年，有丰富的制药企业销售及管理经验，是时代阳光不可多得的人才。两方一拍即合，他在 2010 年 4 月加入时代阳光。在短短的 30 天内，他即组建了新业务的专业团队，销售额从当年的零开始，到 2010 年底即完成了 3000 多万元的销售额，2011 年该新业务部门预计能达到 1 亿多元的销售额，开创了湖南省三甲公立医疗机构"医药分家"的新模式，打造了新业务专业团队，树立了公司新业务品牌。由于取得了突出成绩，2011 年 7 月，他开始担任时代阳光的总经理。

你们说，是什么吸引了他过来呢？实际上是时代阳光的大爱。

另外一个是我们基本药物事业部的总经理。他在湖南省内本来就是一个非常有影响力的人物，在国家实施基本药物制度的政策形势下，他必须找到平台实现他的抱负和理想。他走遍了湖南这么多企业，最终加入了时代阳光。还有很多拥有其他特长或特别资源的各路精英，纷纷来到时代阳光这个平台，实现个人的价值。

我这个人很相信别人，特别讲义气、讲感情。别人对我好不得，别人对我坏了我反而高兴。以前也经常上点当，吃点亏。

也正是因为这种性格，我的朋友很多，我很容易就能跟人打成一片。哪怕是菜市场的卖菜老板、擦皮鞋的鞋匠，我都能很快地跟他们熟络起来。不要把自己当成什么老板，更别说是什么人物，把自己搞得人模人样的，其实很累。我这样简单、平常地出门，就很舒服，没必要一定要穿什么名牌、坐什么车。我从来不讲究这些，出门打车、乘公交，坐"摩的"有时候还不记得戴头盔。我出去从来不麻烦客户，从来不主动去找客户。我们那么多供应商我都不太熟络。有时候采购经理或者其他高管要带我出去，我就顺便享受一下待遇。我最不擅长喝酒、应酬。之前自己做业务的阶段经历过，很痛苦，因为我不擅长。我吃饭主要是讲究健康、简单，已经众人皆知了。很多人都回避跟我吃饭，觉得跟我吃饭很没意思、没味道。所以我有大把的时间跟同事、家人在一起，我以我的方式与客户、朋友相处。

现在我们用人主要考虑以下三个方面：首先要有独特的、时代阳光没有的东西,比如资源、关系、团队等;其次要有强烈的追求,想干成一番事业;第三是价值观、理念与时代阳光是一致的,是发自内心地认同时代阳光的理念,这一点最关键,我们所需要的人才都是起正心、动正念、走正道的人。

当然,一个人光有理念是什么事都做不好的,关键还是要有方法。比如吸引人才是一个理念,具体怎么吸引,那就是要把"锄头"磨得更锋利些,三顾茅庐,甚至付出九牛二虎之力去挖掘人才、引进人才,而这些外界是看不到的,在他们看来只是"吸引"。有的时候不能被表象所迷惑,很多人学富五车,却实操低能,就是因为理念太多方法太少。

站得低才能看得清

虽说站得高看得远,但是只有站得低才看得清,有时候看得清比看得远更重要。所以做人该高的时候高,该低的时候低。现在我就很难被忽悠了,无非我就是站得低一点嘛,我就能看清楚。

真正能干的人理念精简,方法很多,不拘形式,术比道要多。首先要与时俱进,与时俱进的根本意思是方法的不断改进,更多讲的是术的问题。理念的东西,是根基、是不变的,比如我们的四字诀"正、爱、快、真"就是理念,这一理念定下来之后,是要作为时代阳光的根基、基因永远传承下去的。同时,我们把这个理念灌输给消费者,在他们心智中建立起对时代阳光这样的定位,于是,他们一看见时代阳光这个品牌就知道是做"真材料、阳光药"的,只需要去强化这一点就够了。具体怎么做到这一点,就要有很多方法。如果别人有能力做到这样,却没有平台,我们就把他"挖"过来、整合过来。

其次要立足自我。任何企业、任何人,必须要先立足自己,企业也要先依靠自己的企业,然后再借助外界来发展。要知道外力是要在一定的阶段才能起到一定作用的,自助者天助,是永恒的真理。

一个人不能光寄希望于关系,只有懂得自救的人,别人才有办法救你。清楚自己的底线、优势和劣势,跟外界对接才会顺畅,才能顺势而为。

个人之于团队,永远是渺小的,只有主动地融入,积极地去帮助别人,才能形成一股合力,才会攻无不克,战无不胜。

一个真正健康的企业,一定是企业里每一个人都很强大的企业。

去年,我提出时代阳光的发展战略之一,就是"去朱光葵化"。时代阳光如果只有我一个人强大,那么一定不是一个正常的企业。"去朱光葵化",就是要让时代阳光正常化。所以,从去年开始我就有意识地回避,尽量不出现,还制定了一些硬性的规定,比如我们的《时代阳光人报》,就尽量不要出现我的名字。

团队的每一个人的"魂"相一致,每个人都很强大,这样的团队才是战无不胜的。让每个普通员工都能感觉到有尊严、有地位,他的能量才会显现出来,才能够变得强大起来,最后达到自动运转的效果,团队才能健康运行。如果我们的团队里,只有我一个人强大,这个团队就完了。

企业家就是一个转化器

其实,中国很多人不知道怎么搞市场经济,所以很多时候都显得很没有套路,只是简单地"头痛医头、脚痛医脚"。因为市场经济条件下,他们面临的问题一直都是新的,以前没有碰到过,才会出现很多情况。我们每个人必须要经过市场的洗礼,一步步成长起来,通过自己的经历和历练,慢慢形成自己的思维体系,了解了市场,就知道怎么去面对和解决,就会心中有数。

为什么我能把企业把握好?根本原因就是我是"从零开始"做的,从基层一步步做起的。我知道核心所在,能掌握根本。如果我是突然空降到时代阳光当了董事长,没有经历和体验,做起来肯定会比现在要难得多。

"有多大的梦想就能做多大的事",这句话用在创业上是不合适的。做企业不是自己想做多大就能做多大的,那都是痴心妄想。很多时候,做企业要反其道而行,要想办法把自己的梦想变成别人的梦想。当别人的梦想比你的远大,别人比你更有感觉的时候,就会拉动你朝着梦想实现的方向迈进。这个时候,自己就不得不动了,这个时候企业才真正走上健康发展之路。

个人的能力、能量、智慧都是有限的,有时候在不知不觉中就被淘汰了。但是,一旦别人拉着你,帮助你,给你能量、智慧,你只需要跟他互动前行就行,停都停不下来。

所以,人就是一个转化器。每个人都像一颗宇宙中的行星,是不能够静止不转动的。能量、精华、营养到了你身上,通过你的消化、吸收、提升,必须变成更有价值的东西转化出去。名利、财富到了你身上也是一个道理,不能停留在你这儿,而是要迅速地转化出去。

不管是什么东西,好的也好,坏的也罢,一个人能够消化多少呢?再有本事的人也只是个人,不是神,尤其是老板,更不是什么神仙。

企业家也是一个转化器,是汇聚人才、物质、财富,使之变成精华转化给别人的一个转化器。不断地转化,就会像滚雪球般越转越大。

意识到这个理念之后,我就自在了。

这个想法在创业初期就在我脑海里生根了，可惜那时候只是知道怎么用好别人，是出于一种本能，理念非常不清晰。现在这个理念已经成了一种战略、一种思维模式、一种工具了。以后就这么做，就不纠结了。

原来我的想法是比较自私的，感觉做一个企业，维持几十个亿的规模运转下去，就很不错了。但是现在我认为，未来我们成为世界 500 强也不是什么问题，当然不一定是在我手上做到的，未来我们企业的接班人，还有接班人的接班人，一步步发展下去，总有一天能做到。终有一天，我们会成为世界上民营企业成长、发展、壮大的一个活生生的例子，成为一个 MBA 教材的经典案例。

学会删除：凡事多想好的一面

做企业磨难是难免的，但我们遇到的问题都不是大问题，比如几次阶段性的人事变动，这大概是时代阳光发展过程中遇到的最大的问题。不过，令人惊讶的是，每一次这样巨大的变动之后，给时代阳光带来的反而是一次大的提升，虽然在当时看起来是巨大的难关。

之所以会这样，是因为我看问题有个与生俱来的特点，那就是无论碰到什么事情，在我的脑海里首先把它想成是一件好事。而且表面上看挫折越大、越烦、越难的事，我反而觉得越是有机会、有办法能够转化出去。在当时，我可能会觉得很纠结、很痛苦，但我总是转念就忘了。

我这个人不爱记事，特别是困难的事，更不容易记住，早就在我的脑子里删除了。我一般都想一些美好的事情，很容易就能回忆美好的事情，不美好的事情就很难回忆起来。就像我小时候住院开刀,住院住了两个多月,大家都觉得是很痛苦的一件事,但我自己早就记不清当时是怎么痛苦了,反而是我爸爸还记得一清二楚。

做企业一路走来,风雨、坎坷多少都有经历,很多时候很快就过去了。对这些坎坷我的感觉非常不明显,因为我总是能找到不好的事情的好的一面,磨难就是机会。

如果实在不行,我还有一门开车的技术,大不了我就去开车,毕竟我从小在农村是过苦日子长大的,即使再苦,还能比小时候苦吗?

去年我们的一位高管离职,当时我开玩笑地跟大家说:他的年薪很高嘛,正好可以节余一笔开支,分给大家。虽说是一句玩笑话,但当时确实没有去想他的离开会带来哪些不利影响,想的都是好的一面,所以不存在什么纠结,也想不出什么痛苦的事。我总是看着变化中积极、阳光、向上的一面,所以总体来说就企业发展没什么大起大落。

> 老板修为的境界就是当第二天早上醒来,把前一天所有的负面信息都删掉,也就是心无挂碍,每天随着太阳的升起很清新地醒来。
>
> ——思八达观点

构建中国特色的商业文明

西方企业跟中国企业还是有很大的不同,他们有很多好的东西,我们可以借鉴一下,比如一些管理方法、培训模式、系统等。企业管理是不能心血来潮的,对于他们的东西都要吸收精华,去除糟粕,批判性地吸收,但是中国企业的"魂",一定是传统的。中国企业还是很讲究伦理、讲究传统、讲究礼仪的,中国的企业就应该有中国的文化、中国的元素在里面,中国应该做中国式的企业。只可惜这些年市场经济发展下来把有些本来好的东西摒弃了,好在根还在。

很多时候越传统越有力量，越需要传承下去，包括感恩之心、尊老爱幼、弘扬先进、尊师重教等，这些东西都还是很有生命力的，很多人虽然没有再用这些东西，但是只要一说起来，大家都会认可，而这就是真正的中国智慧。但现在反而是有些西方人、日本人用得比较多。

能推动社会朝正确的方向发展，才是企业存在的意义，我欲创造一个中国式的企业，推动中国自然健康、发达的商业文明社会的形成。

我就是想要做一个能够体现中国传统伦理、文化和智慧，具有中国鲜明特点的创新型企业，这条道路的选择还是处在争论、矛盾冲突中，因为面对现在这种急功近利的商业氛围，这是一种必须要经历的短暂的过程。毕竟改革开放只有 30 多年，而真正的市场经济发展准确地说还不到 20 年，这个时间是很短暂的。所以实现真正的市场改革、商业社会发展，尤其是商业文明的形成，还需要一个艰难的过程，可能还需要几代人的努力。

中国在现阶段，出现了各种短视的、不诚信的、急功近利的行为，这都是因为想走捷径、浮躁不安的思想在作祟。但这些行为都是短暂的，这和企业做得大小没有关系。有些企业靠投机发家，即使做得再大，也是虚浮的。中国过去 30 多年的发展，虽然很多企业成为大企业，很多企业家成为大老板，并且挤进福布斯富豪榜，但他们都还没有进化到具有高度商业文明、商业智慧，具有中国传统文化精髓的阶段。庆幸的是，中国现在很多企业家都开始产生一种使命感和责任感，希望通过以诚信的方式做人、做企业，建立起现代商业文明。时代阳光就是在进行着这样的努力。

中国现在这样的强大，成为很多人的骄傲，但是这种骄傲都是短浅的、虚浮的骄傲，是被很多真正讲环保、具有商业文明、强调自然健康理念的人所鄙夷的。中国社会需要大转型、大变革，这个变革需要至少 10 年以上，才有初步的效果。之所以需要这个过程，是东西方文明融合的过程。

现在，大家开始觉醒了，特别是党和政府已经觉醒了，都意识到掠夺式的发展是不能适应未来发展的需要，是必须要改变的。

在商业文明形成的过程中，真正的挑战是对老板们的挑战。很多老板在这样的转型、变化、变革、提升的过程中，会很焦急、很痛苦。但只要扎扎实实做企业，商业文明就会扎扎实实得到提升。所有投机取巧、偷懒、走捷径获得财富或成功的方式都一定是短暂的。未来，文明的社会一定是真正具有中国传统文化、中国式的商业文明的社会，是持续健康发展、自然友好的发达商业文明社会。

> 中国的民营企业想获得长足发展，必须改善商业环境的文化氛围，换句话说，也就是只有在社会其他阶层都比较欣赏、比较认可创业家这个群体时，企业才会真正做大。
>
> ——思八达观点

目前表现出来的这些浮躁，就是因为很多人可以不通过努力就能获得成功，很多人都在找捷径、搞套路、做公关，这就给人们带来了很不好的导向。人都有偷懒、找捷径的本能，整个社会环境、氛围都这样的话，就没有人扎扎实实做企业，没有人扎扎实实去提升我们的商业文明了。

但是，这种情形一定是短暂的，未来一定会正本清源，一定会回到人类社会本该有的面貌，恢复到真正具有中国传统文化特质、中国式的商业文明社会，实现持续健康发展、自然友好的发达商业文明社会。

很多人选择移民到国外，都喜欢到高度文明、高度发达、具有优质自然环境的地方去，特别是在那些民营企业老板、学术界精英，还有很多官员家属中，比例是相当高的。这些移民的人在别的国家是没有根基的，其实过得很纠结、很孤独、很痛苦，但他们为什么还是选择了去过这种生活呢？就是因为与现在浮躁的氛围格格不入，人们对自然、健康、诚信的社会环境充满了向往。在我看来，移民的人如同被"双规"，活在规定的时间、规定的地点。

人们既然都有这样的需求，就一定会朝着这个方向去做，这就是大势所趋。一个有良知的、有正义感的人所做的事情就是把回归自然、健康的过程缩短。

十七届六中全会也开始关注文化建设，把大力提升国家软实力作为一项国家战略，专注于提升国人的精神层面，引导国人核心价值观的形成。未来肯定有那么一天能到达中国式的商业文明社会，只是时间问题。而这个时间正在缩短，但还是需要官、产、学等各种力量的共同努力，把这个时间缩得更短。

所以，我们现在有这样的理解和把握，以后做事情心里就有底，做什么事都会一呼百应。到了这个阶段，做大是很简单的事，但是我们不想做大，而是想做扎实、做强、做到可持续，把握了这个未来，把握了这个趋势，做大肯定不是难事。我们企业顺应这个潮流去做事情，朝着大家期望的社会环境方向前进，谁走在前面，谁就抢占了先机，谁就有号召力，谁就能获得未来，必将推动这种社会商业文明的早日形成。

时代阳光未来将呈现一个高速发展的状态，有时候会有意识地慢下来，或者停下来，目的是为了修复、调整，修身养性、吸收营养。时代阳光的未来前途无量，因为社会各界、广大的客户，大家都会拉着我们、推着我们前进。这个是控制不住、停不下来的。

五项修炼之第五项

无我的智慧

按照古老的东方思想，无我的智慧是一种大象无形的精神境界，也是个人走向成熟的必由之路。

由于惯性的原因，创业家开始总是凭借强烈的个人动机，以及最初的个人感召力经营事业。在机会频生的环境中，一个具有超强商业直觉和行动能力的人，短时间在市场上脱颖而出并非难事。但暂时的成功也常常会凝结出一种强人情结，使创业家产生一种个人无所不能的幻觉。

> 你想要成事，就必须来真的。很多人想要事业，但是不愿意把自己交给它。你能把自己交付给事业多少，就会拥有多少事业。
>
> ——思八达观点

创业家喜欢以强者的面目出现，但真正的强大不在于外在的表现，终将取决于你的胸襟。心胸狭窄、过于自我、过于关注自身利益的人，不可能和越来越多的人一同战胜创业的艰辛。如果你的心中只能容纳一丛灌木，即使有再好的阳光雨露，又怎能享有一片森林呢？

从湖湘大地走来的朱光葵，身上带有鲜明的湖湘文化的烙印，书生领兵，心忧天下，言辞中体现出一种历尽风雨后的坦坦荡荡。他有着宏大的企业理想，但是他深知，这一切都必须由自己的团队去完成，而不是仅凭一己之力。他对向日葵有着一种近乎迷恋的情感，希望自己的团队真的成为"时代的阳光"，成为一个正道而行、积极向上的创业群体。而他自己，就是一粒"葵花子"，隐身其中，与大家一起见证梦想的到来。

他认为自己，当然也可以推及其他企业家，本质上就是一个转化器。

　　无我的智慧首先是对世间万物的敬畏，其次也是对个人力量的客观认知。无我不等于放弃自我，而是把自我置于更广阔的领域中，更具包容性地拥抱世界，拥抱你身边的每一个人。真正的自我并不是排他的。无论创业家走到哪里，他所带来的都该是人性的温暖和未来的希望。

　　无我的程度越高，一己私利之心越少，创业家的影响力才能无远弗届，源源不断地照亮他人。记住，你照亮了他人，也就燃烧了自己。你不断放下了个人的小我，才能成就本该具备的大我。

　　朱光葵的案例，正是将小我融入团队，从而成就大我。本来只属于小我的名字，正在成为这个创业团队的精神指引。"光"，衍生为"时代阳光"，"葵"则是成为公司品牌的符号与无所不在的意向。

　　没有掌握无我智慧的创业家必将陷入事业的困局。其一，你无法从根本上凝聚人心，企业的"魂"和纲领再漂亮，也只能是一个越来越模糊的口号；其二，你无法实现自我超越，你的志向不会再增长，安于既有的格局将使事业无法再升级；其三，一切创业智慧的修行都将受阻。

　　无我智慧的修炼本身也是一个自我否定之否定的过程。一个创业家只有具备否定"昨天的我"的勇气，才能不断掌握"今天的我"。也只有这样，自我的每一天都才能获取生生不息的力量。

　　无我的智慧是一种包容。拥有一颗包容之心，才能带来可持续的成长能量，故步自封没有希望。无我的智慧是一种舍得，知晓舍得之道意味着时时砍去那些多余的枝杈，唯此你才能向上生长。无我的智慧是一种共生，只有你的事业分享给更多的人，才会有广大的个体支持你成长。还要记住一点，无我的智慧更体现为一种高层次的精进之心，它将引领你自发地前行。

我们相信,"去朱光葵化",不仅仅是创业家对世界所怀的敬畏之心,不仅仅是在团队面前的谦虚,还是真真正正地从内心尊重每一位员工,希望能够搭建更好的舞台让他们来燃烧自己,实现自己的价值。

一人之事,俨然已成众人之事。

后　记

在中国,民营经济发展 30 多年,已成磅礴之势,中小民营企业家群体雨后春笋般钻出来,为个人、为家庭、为城市、为国家都带来了巨大的贡献。然而,这个群体的心灵历练与蜕变的过程却鲜有人问津,书店里琳琅满目的各种各样的创业类书籍,大多无关心灵,更少有直接来自企业家自己内心的声音。

当我们有了这个契机,有了与思八达的合作,能够有机会直接聆听到这样充满了生存智慧的声音,心中燃起的不仅仅是对这种草根力量的理解之情,同时也是对创业以及创业家这个群体,或是说这样的生活方式的一种深切感受。

此次写作,我们近距离地接触了众多的中小民营企业家,各行各业,各省各市,作为"智慧场系列"的第一本,我们选择了五位创业家,与他们展开了一场心灵层面上的探讨与对话。当我们真正进入他们的世界时,不禁发现,这是一个充满了生命能量律动的世界,我们能够感受到生命力的强烈脉动。我们也相信这本书一定能够给予尚在创业中或将要加入这个洪流的年轻的人们以心灵力量的支持。

本书的目的在于帮助你建立强大的个人力量,使个体与创业之间建立起最真诚的联系,我们希望书中原生态的创业智慧能切实地帮助你打通自我,因为我们相信,创业的终极意义在于重塑自我,完善自我,成就自我。我们衷心地希望本书可以使创业者始终保持最佳状态,少走些弯路。

如果把创业看做一种个人改变世界的活动,那么事实上,一切改变都是从创业者自身开始的,更准确地说,从改变你的观念开始。

从这个意义上说,本书旨在激发你重塑自我的愿望,为你提供提升自我的若干手段和技巧,并在一定程度上引爆你所从未发现或关注过的个人潜能。

创业,事实上是通过"业"这个载体来创造更加强大、更加美好的自己。

我们认为,创业对每一个作出选择的个体来说,实质上是一场漫长的人生修炼,一种独特的生命体验,一种不可复制的生活方式。无论你选择了何种形式的创业,其间的过程只有你自己能体会,本书并不能代替你去实践和体验。

心智的改变只能靠自己,本书的作用只在于促使你关注内心,并即刻开始一场自内而外的探寻。

在此,我们要特别感谢这些可爱的草根企业家们,感谢这个时代,感谢我们这次因缘际会的心灵邂逅。同时,还要感谢思八达提供了我们走进草根企业家的机会,感谢蓝狮子出版中心对本书的支持。

我们相信,只要你用心去寻找,智慧就在你身边不远的地方。

伍　原

2012 年 3 月

图书在版编目(CIP)数据

创业智慧五项修炼：创业家是怎样炼成的/伍原著.
—杭州：浙江大学出版社，2012.5(2012.10 重印)
　ISBN 978-7-308-09885-4

　Ⅰ.①创… Ⅱ.①伍… Ⅲ.①企业家—生平事迹—中国②企业管理—中国 Ⅳ.①K825.38②F279.23

中国版本图书馆 CIP 数据核字（2012）第 069156 号

创业智慧五项修炼
　　　——创业家是怎样炼成的
伍　原　著

策 划 者	蓝狮子财经出版中心	
责任编辑	黄兆宁	
出版发行	浙江大学出版社	
	（杭州市天目山路 148 号　邮政编码 310007）	
	（网址：http://www.zjupress.com）	
排　　版	杭州大漠照排印刷有限公司	
印　　刷	杭州富春印务有限公司	
开　　本	710mm×1000mm　1/16	
印　　张	12.5	
字　　数	151 千	
版 印 次	2012 年 5 月第 1 版　2012 年 10 月第 3 次印刷	
书　　号	ISBN 978-7-308-09885-4	
定　　价	40.00 元	